AF453504

DE L'APPLICATION

DE

L'ARCHITECTURE GRECQUE

AUX ÉGLISES.

Extrait des Mémoires de la Société d'Emulation d'Abbeville,
Année 1852.

ABBEVILLE,

IMPRIMERIE DE T. JEUNET, RUE SAINT-GILLES, 108.

1852

ARCHÉOLOGIE.

Abbeville, Imp. T. JEUNET.

DE L'APPLICATION

DE

L'ARCHITECTURE GRECQUE

AUX ÉGLISES.

Afin que l'on puisse bien saisir la question et apprécier les motifs de la solution que je propose, je crois devoir donner d'abord un résumé très succinct de l'histoire de l'architecture pendant le moyen âge, et même à partir de la construction des premiers édifices destinés au culte chrétien.

On trouvera çà et là quelques pages extraites d'une ébauche fort courte sur l'architecture que j'ai publiée il y a déjà longtemps.

CHAPITRE PREMIER.

ARCHITECTURE DU MOYEN AGE.

§ Ier.

OBSERVATIONS PRÉLIMINAIRES.

C'est une singularité dans l'histoire des arts d'avoir donné le nom d'un peuple sauvage et sans industrie aux divers genres d'architecture qui régnèrent dans l'Europe depuis le 5me jusqu'au 15me siècle et même au-delà dans certaines contrées. En effet, les Goths, comme les autres peuples qui se répandirent successivement du nord au midi, étaient des barbares sans aucune notion des arts. Les pays qu'ils abandonnaient ne renfermaient pas d'édifices, et il n'y avait plus en Italie de royaume des Goths, dont les limites, au reste, ont toujours été variables et incertaines, qu'il n'existait encore aucun édifice portant le caractère du genre appelé particulièrement gothique, du genre ogival. La domination de ces peuples, en Italie, dura 75 ans : elle finit en 554. Les Lombards, qui vinrent immédiatement après eux, régnèrent pendant environ 150 ans. Ils donnèrent leur nom à l'architecture de cette époque, bien qu'ils n'eussent pas plus apporté que les Goths, un système d'architecture. C'est ce qui a d'abord été énoncé par M. Quatremère de Quincy et développé ensuite par MM. Saint-Quintin et Sacchi. Le nom d'architecture gothique, adopté en France, ne l'a pas été généralement ailleurs: en Italie, on l'appelait tudesque, allemande, à cause des édifices à ogives que des Allemands y construisirent; en Angleterre, normande, parce que ce furent les Normands qui élevèrent, vers la même époque, la plupart des édifices; en Allemagne, saxone, comme si elle venait originairement des peuples qui habitaient la Saxe ou plutôt l'Angleterre; en Sicile et à Naples, structure française ou normande, parce qu'elle fut apportée dans ces pays par les Normands et les princes Angevins, au moins en partie, car l'antériorité du château de Ziza ne paraît pas susceptible de doute. Il est probable que la domination des Goths ayant eu lieu à une époque de décadence des arts, on affecta leur nom à tous les ouvrages où l'on ne voyait plus l'observation des anciens principes. Le dégoût de l'architecture grecque n'a pu donner naissance à la gothique, car un peuple barbare ne saurait éprouver la satiété des productions des arts qu'il est incapable d'apprécier. Née dans la décrépitude et non dans l'enfance de l'état social, et lorsque des constructions existaient déjà, elle n'eut ni type, ni modèle particulier. Il est impossible, effectivement, de concevoir la formation originale de tout art hors de l'état naturel d'une société naissante.

L'imperfection de l'architecture du moyen âge tient aux mêmes causes que celles de la sculpture. Les productions de ces deux arts annonçaient également le défaut de goût des artistes. Celles des sculptures de l'arc de Constantin, exécutées lors de la construction de ce monument, et les sarcophages des chrétiens, aux siècles de la décadence de l'empire, suffisent pour faire apprécier l'état de l'art dégénéré. L'origine de l'architecture de cette époque est la même que celle de la sculpture. Toutes les deux ne sont autre chose que la sculpture et l'architecture gréco-romaine corrompues, et celle-ci fut plus tard modifiée par le génie inculte du moyen âge, au point de devenir au 13me siècle, et surtout au 15me, une architecture où rien ne retrace le point de départ. Les croyances et les opinions des peuples du nord ne sont pas rappelées dans les sculptures des édifices du moyen âge, mais bien celles du paganisme mêlées à celles du christianisme. On y voit des sphinx, des griffons, des chimères, etc.

L'architecture du moyen âge se divise en byzantine, romane, mauresque et ogivale. Je ne

suivrai pas cet ordre, qui est cependant plus
conforme à la chronologie, l'architecture mauresque ayant moins de liaison avec les trois autres
que celles-ci entre elles, car le plus grand nombre
des édifices, des styles byzantin, roman et
ogival, sont des temples chrétiens ou églises,
et, quoique la construction des premiers édifices
destinés au culte chrétien ait commencé avant la
fin du 5ᵐᵉ siècle, époque à laquelle finit l'histoire
ancienne, j'attribuerai néanmoins ces édifices
au moyen âge auquel ils appartiennent plus qu'à
l'architecture antique, ou du moins ils forment
la transition de l'antiquité au moyen âge.

§ II.

DES PREMIÈRES ÉGLISES.

Chez les anciens, le temple n'était que la
demeure du Dieu, les prêtres étaient à peu près
les seuls qui pénétrassent dans le sanctuaire.
Mais les réunions nombreuses, les *assemblées*
des chrétiens exigeant de vastes salles, les
temples, divisés en plusieurs parties, ne purent
servir de modèles pour les édifices destinés au
culte nouveau. Les basiliques seules offraient
une disposition convenable. Les sectateurs de
Jésus-Christ avaient d'ailleurs, en général, de
l'éloignement pour les édifices consacrés aux
dieux du paganisme. Cependant, on fit servir

au culte plusieurs anciens édifices : le panthéon, une grande salle des thermes d'Agrippa, la grande salle des thermes de Dioclétien, et même les temples de la Fortune virile et de Minerve.

C'est Constantin qui fit construire les premières églises, appelées basiliques, parce qu'elles imitaient les anciens édifices de ce nom. Il commença en 326, par Saint-Pierre, à Rome. Elle avait cinq nefs et, ainsi que Saint-Jean de Latran et les autres églises qu'on éleva bientôt après, la forme de croix, mais à peine indiquée. Cependant, selon Le Nain de Tillemont, ce fut vers l'an 222, sous Alexandre Sévère, et suivant Moyle, sous Gallien, environ trente ans plus tard, et la paix dont jouirent les chrétiens sous ces princes dispose à le penser, que l'on bâtit les premières églises. Mais il n'en reste pas de vestiges, sans doute, parce que la liberté du culte n'étant pas bien assurée, elles avaient peu d'importance, et si les écrivains ecclésiastiques de ce temps parlent avec éloge de celles de l'Asie, c'est seulement par comparaison avec les souterrains où les chrétiens se cachèrent d'abord pour célébrer les mystères.

Saint-Clément du 9me siècle, mais rebâtie sur la place de l'église du 4me siècle, et Sainte-Agnès, hors les murs du 4me ou du 5me siècle, offrent une imitation bien exacte des basiliques antiques. Sainte-Marie-Majeure est cependant encore le plus parfait modèle en ce genre ; les trois nefs ont des plafonds plats. Cette église, bâtie en 432, eut sa façade reconstruite par Fuga, en 1743. A quelques basiliques, comme à Saint-Paul, hors les murs du 4me siècle, bâtie sous Constantin et Théodose, et qu'un incendie a détruite en 1823, il y avait cinq nefs. Les transepts qui correspondent au calcidique des anciennes basiliques, entre la nef et l'abside, donnaient la forme de croix. Quatre colonnades, terminées par des arcades, supportaient la charpente non cintrée et visible, comme à Sainte-Agnès, hors les murs. Sainte-Agathe-Majeure, à Ravenne, également en forme de basilique, fut commencée à la fin du 4me siècle. Des basiliques avaient trois absides au lieu d'une. Des portiques assez profonds, appelés *narthex* ou *impluvium*, non formés de colonnes, existaient à un grand nombre d'entre elles. Un *atrium* ou cour avec des portiques précédait la basilique de Saint-Clément. Il paraît que, dans l'origine, il y en avait aussi un à Saint-Paul, hors les murs. Sainte-Praxede et les églises plus modernes de Saint-Martin-au-Mont et de Saint-Pancrace, en offrent également. La basilique de Saint-Pierre était au centre d'une cour. Quelques uns de ces édifices avaient deux colonnades l'une sur l'autre, afin de procurer une galerie supérieure ou *triforium* au-dessus des nefs des bas-côtés. Le mur extérieur était tout-à-fait nu, sauf une corniche peu saillante près du toit et un cordon de briques aux cintres des fenêtres. A l'intérieur, les moulures de l'entablement avançaient faiblement pour ne pas diminuer la grandeur apparente de la nef principale. Le portail des basiliques chrétiennes, selon M. Knight, consistait en un portique peu élevé surmonté de trois, parfois de cinq fenêtres étroites à plein cintre, au-dessus desquelles était un œil-de-bœuf.

Dans le même temps on construisit à Rome une église d'une autre forme, Saint-Pierre-le-Rond : elle a 65 m. de diamètre et trois colonnades concentriques la divisent ; le centre a 22 m. de diamètre. Comme à Sainte-Agnès et à Saint-Laurent, il y a, au-dessus des chapiteaux, une sorte de support ou fraction d'architrave d'où s'élancent les arcades.

M. Knight pense que l'église de Trèves est une ancienne basilique romaine que l'impératrice Hélène a consacrée au culte. De là ses deux chœurs dans les deux hémicycles qu'elle avait comme la basilique ulpienne. C'est la première des églises chrétiennes où l'on observe cette particularité qui lui donna la forme d'un vaisseau. De là peut-être les mots *nef*, *vaisseau*, qui peuvent d'ailleurs être symboliques. Les restaurations qu'elle a subies empêchent de reconnaître facilement sa forme primitive.

Dimensions principales de quelques basiliques,

hors d'œuvres :

Saint-Paul hors les murs, 143 m. sur 68.

Sainte-Praxede, rebâtie au 15me siècle par Bernardo Rossellini. . . . 42 50 — 25 30

Saint-Jean de Latran. . 119 50 — 53 75 la nef centrale a 18 95 ou selon d'autres 17 61 de largeur et 22 91 — 26 24 de hauteur.

Sainte-Marie-Majeure . . 77 60 — 31 65 la principale nef a (de largeur) 14 35 sur 18 65 de hauteur.

La largeur de la nef principale de Sainte-Agnès hors les murs est de 7 48.

L'ancienne basilique de Saint-Pierre avait en largeur les quatre septièmes de la hauteur.

Il n'y eut d'abord qu'une crypte et qu'un autel, usage encore existant dans le rite grec et dans le rite latin de Saint-Ambroise. Les cryptes sont un souvenir des souterrains ou catacombes, soit des caveaux ou prisons qui, dans quelques basiliques des Romains, existaient sous l'élévation où se trouvait le préteur. Le trône de l'évêque était au fond de l'hémicycle. Le parallélogramme allongé et surtout la croix latine légèrement indiquée furent les formes qui dominèrent dans l'occident. Dans l'orient, la première de ces dispositions fut d'abord adoptée. Les absides, plus souvent appelées *chevets* dans la suite, étaient circulaires ou polygonales, le toit de charpente en terrasse, pas de fronton, une coupole généralement circulaire et parfois polygonale au centre. L'église du Saint-Sépulcre, à Jérusalem, bâtie sous Constantin, par Eustathius, était de ce genre. Quatre petites nefs accompagnant la nef centrale tournaient autour du chœur et soutenaient une galerie; une voûte en coupole couvrait le sanctuaire; le reste de la nef était en plein cintre. M. Knight prétend que l'église du Saint-Sépulcre était circulaire avec trois nefs outre celle centrale, soutenue par douze colonnes, parce qu'il a confondu la seconde avec la première construite par Eustathius. La plus ancienne église circulaire est celle d'Antioche, bâtie du temps de Constantin, avec une coupole octogone large et élevée. Les architectes du Bas-Empire trouvèrent le modèle des coupoles dans celles qui couvraient les grandes citernes construites du temps de Valens, à Constantinople même, si les tholos et les temples ronds étaient trop éloignés de cette ville pour qu'ils connûssent celles qui terminaient ces édifices.

Telles sont les origines de l'architecture de l'orient ou byzantine et de celle de l'occident ou romane, que nous allons voir maintenant prendre des caractères plus distincts.

§. III.

ARCHITECTURE BYZANTINE.

Lorsque l'empire romain fut transféré à Constantinople, l'ancienne Byzance, l'architecture était dans une complète décadence. L'influence exercée sur elle par le génie asiatique fit naître, au 5ᵐᵉ siècle, un genre d'architecture auquel on donna le nom de byzantine. Aux arcades sur des colonnes et aux coupoles dont l'usage existait déjà s'ajoutèrent de nouvelles modifications à la pure architecture des Grecs; la surélévation, plus rarement un léger abaissement des arcs; la substitution des voûtes aux plafonds plats; parfois des arcades en mitre qui décoraient la façade des églises, système de décoration qui rappelle les bas-reliefs des sarcophages des premiers siècles de notre ère, comme celui de Junius Bassus; la forme de croix grecque qui paraît être aussi un des caractères de l'architecture byzantine; enfin la profusion d'ornements en mosaïque, en verres coloriés, en pierres précieuses même, riches, brillants, mais sans élégance et d'un dessin plus ou moins incorrect. La destruction des tableaux et des statues du paganisme par les premiers chrétiens ayant fait disparaître les modèles qui auraient pu guider les artistes, fut en partie cause du mauvais goût alors régnant dans les ornements.

Les piliers remplacèrent de bonne heure les colonnes; les coupoles à pendentifs et les demi-coupoles devinrent plus nombreuses, il y en eut au moins trois; l'édifice forma une croix visible à l'extérieur ou inscrite dans un carré; il y eut toujours pour les femmes des galeries appelées *triforium* par les Anglais, au-dessus des nefs latérales, supérieures, par conséquent aux arcades de la nef principale; parfois les transepts sont coupés dans leur hauteur pour la continuation de ces galeries; des fenêtres sont placées dans le bas des coupoles ou dans les murailles, et dans ce dernier cas, elles sont très longues; le chœur est tourné vers le Saint-Sépulcre de Jérusalem; les chapiteaux consistent dans un dez cubique ou plutôt conique tronqué dont la partie la plus petite est dans le bas.

L'architecture byzantine se répandit en orient, en Afrique, en Espagne, en Sicile, à la suite de l'islamisme, se modifiant dans chacun de ces pays. Ainsi, en orient, et il en fut de même en Russie où elle avait été introduite au 10ᵐᵒ siècle avec le christianisme; les dômes prirent la forme bulbeuse ou renflée au milieu; en Espagne, l'arc surélevé ou en fer à cheval domina, et les ornements furent très-multipliés. Les Turcs ont adopté pour les mosquées les dômes et les arcades sur colonnes. L'architecture byzantine s'étendit aussi un peu en France, moins en Allemagne, et n'exerça son influence que sur un petit nombre d'édifices en Angleterre.

L'église de Sainte-Sophie ayant été détruite, fut rebâtie à la même place, sous Justinien, du 6me au 7me siècle. A l'intérieur, des colonnes supportent des arcades au-dessus desquelles règne une galerie ayant une balustrade sur le devant. Au milieu de cet édifice, en forme de croix grecque inscrite dans un carré dont la longueur est de 81 m. sur 69 m. de largeur, s'élève un dôme ou coupole très surbaissée à pendentifs, la première de ce genre, de 34 12 c. de diamètre, percée de vingt-quatre fenêtres et surmontée d'une lanterne. Huit petites coupoles accompagnent la grande. Les fenêtres du bas étaient fermées avec des verres spéculaires et celles d'en haut par des vitres.

Vingt ans après, la coupole ayant été détruite par un tremblement de terre, fut reconstruite. L'invention de cette voûte immense fait honneur aux architectes, mais les détails sont de mauvais goût. Les colonnes sont d'une espèce de composite mal exécuté. Toutes les voûtes sont en plein cintre, car les ogives des bas côtés sont modernes et s'allient avec le système de décoration arabe, employé par les Turcs dans la restauration de cet édifice. Auprès de cette église, servant aujourd'hui de mosquée, on a élévé deux minarets. Le bronze, le granit et le marbre, l'argent, l'or, les pierres précieuses brillaient partout. Les venteaux ou battants des portes étaient de bronze, et les panneaux de marbre. En 1317, Andronic fit étayer Sainte-Sophie; malgré cette précaution, la partie orientale de la coupole s'écroula en 1345.

Les architectes de ce monument remarquable sont Anthemius de Trales et Isidore de Milet. Isidore de Byzance, neveu du précédent, fut l'auteur de la reconstruction de la coupole lorsqu'elle se fut écroulée vingt ans après son érection. Il acquit de la célébrité ainsi que Jean de Milet, Chrysès d'Alexandrie, tous deux employés par Justinien. Jean de Milet, travailla aussi pour Zénobie. A la même époque vivait Etherius, autre architecte renommé. Callinicus, qui vivait au 7ᵐᵉ siècle, paraît devoir être également mentionné.

Les églises des Saints-Apôtres à Constantinople, et de Saint-Jean à Ephèse, qu'on croit construites sous Justinien, étaient aussi terminées par un dôme, mais à la différence de Sainte-Sophie, l'autel était placé au centre. Il paraît que l'église des Saints-Apôtres avait d'ailleurs la forme d'un parallélogramme allongé et pourrait bien être de l'époque de Constantin.

Saint-Vital de Ravennes, église octogone bâtie

au 6ᵐᵉ siècle avec des débris d'édifices antiques, sur des dessins venus d'orient, annonce, dès cette époque, la pénétration dans l'occident de l'architecture byzantine. Des branchages ou des rosaces et des rinceaux ornaient les chapiteaux de forme cubique évasée, surmontés d'un tailloir et d'une échine plus étroits. La coupole, achevée en 547, n'est pas visible en dehors. Le narthex ou pronaos est l'œuvre de Julianus Argentarius, du temps de Justinien. Le baptistère de la même époque que la coupole, intérieurement circulaire, est terminé par une belle coupole.

L'église de Sainte-Marie-de-la-Rotonde, à Ravenne, autrefois monument sépulcral érigé à la mémoire de Théodoric, par sa fille Amalasonte, se termine par une voûte d'un seul morceau de granit, du diamètre de 11.05 c., d'une hauteur de 3.18 c. et placé à 13 m. du sol. Il supportait le sarcophage de Théodoric. De Caylus évalue son poids à 470,000 kil.

La plus belle église de style byzantin est celle de Saint-Marc, à Venise, achevée en 984. La coupole, la seconde à pendentifs, est accompagnée de deux petites. La grandeur du plan de cet édifice, sa belle disposition, font presque pardonner le mélange d'ornements de l'architecture gréco-romaine et de ceux de l'Asie avec leur incorrection et leur faux brillant. La tour et le campanile, y compris la statue, ont 108 55 c. de hauteur, selon M. Artaud, et 92 30 c. selon M. Girault de Prangey. L'édifice a été commencé en 888 et fini en 1148.

Les coupoles, d'abord basses, prirent ensuite la forme elliptique.

Dans le Péloponèse, les églises sont très petites. La plus grande, située près d'Eleusis, a 13 50 c. sur 18 50 c., y compris le porche. Là, comme dans l'orient, la rareté du bois fit donner la préférence à la coupole, dont la disposition d'ailleurs est fort élégante.

La France possède des églises en croix grecque appartenant à différentes époques : Saint-Genest, à Nevers ; Sainte-Croix, ayant une coupole au centre, à Mont-Majour ; Saint-Martin, à Avallon ; Saint-Pons, à Périgueux, avec cinq coupoles et le toit dallé en pierres. La cathédrale de Cahors a deux coupoles à la nef ; l'église de Souillac, trois aussi à la nef, dont la largeur est de 14 25 c. ; celle du Puy en Velai a huit coupoles dans toute la longueur de la nef ; la cathédrale d'Angers n'a qu'une seule nef formée de trois coupoles et large de 16 38 c. sur 90 47 c. de longueur. Ces églises ne sont pas du style byzantin, mais elles y tiennent plus ou moins.

Charlemagne commença la rotonde sur pendentifs d'Aix-la-Chapelle en 776. Cet édifice a

14 46 c. de diamètre, outre le bas-côté de 6 25 c. formé par huit piliers. Il a, à l'extérieur, seize pans. Il fut orné de sculptures et de colonnes apportées d'Italie, ainsi que de mosaïques exécutées par des Italiens élèves des Byzantins. On voit, à d'autres édifices de la même ville, l'arc surélevé, un des traits principaux du style byzantin qui apparut au 6me siècle.

Le palais de Byzance, rebâti par Justinien, offrait, sur un rectangle spacieux, un dôme soutenu par de grosses colonnes, le pavé et les murs étaient revêtus de marbre de diverses couleurs. Les mosaïques du dôme et des parois représentaient des triomphes sur les Africains et les peuples de l'Italie. Au 10me siècle, ce palais, modifié et augmenté à différentes époques, présentait une masse irrégulière, mais il surpassait incontestablement tout ce qui existait alors en étendue, en magnificence, et en choses rares et précieuses.

Constantinople posséda longtemps les meilleurs architectes et en fournit à tous les pays. Saint-Marc, à Venise, fut construit par des architectes de cette ville ou du moins de l'empire grec.

§ IV.

ARCHITECTURE ROMANE.

L'architecture romane, longtemps appelée gothique ancienne, a régné dans l'occident du

5me au 11me siècle, époque à laquelle l'architecture ogivale commença à la remplacer. C'est M. de Gerville qui le premier lui a donné le nom de romane, beaucoup plus rationnel. L'Italie et la France furent les premières contrées où s'opéra cette modification à l'architecture antique, adoptée ensuite par l'Allemagne et l'Angleterre. Des voûtes en plein cintre, des arcades sur des piliers carrés plus souvent que sur des colonnes, ou des piliers carrés avec des colonnes engagées alternant avec des colonnes, des portions d'architraves presque toujours supportées par les colonnes, des contreforts plus saillants, la caractérisent principalement, ainsi que la décoration des cintres des portails, consistant en losanges, zig-zags, chevrons, frettes, etc., qui doivent peut-être leur origine à la disposition des briques, ornements très multipliés en Italie surtout et dans le midi de la France, où l'on voit, en outre, des feuillages soit développés, soit enroulés ; enfin un *oculus*, c'est-à-dire une ouverture circulaire vers la partie supérieure du portail. L'église latine, ayant conservé le culte des images, eut moins besoin de recourir à la mosaïque que l'architecture byzantine. Les colonnes furent placées à une plus grande distance que dans l'antiquité, ce qui augmenta la difficulté de faire des architraves et fut cause de l'adoption générale des arcades reposant directement sans architrave sur les chapiteaux des colonnes. Les fûts étaient gros relativement à leur hauteur et reposaient sur des piédestaux carrés. On enlevait les colonnes aux édifices du paganisme. On ne faisait pas de difficulté d'employer dans le même édifice des colonnes de différents ordres ou de hauteur inégale; s'il ne s'en trouvait plus ou s'il n'y avait aucun monument antique dans le pays, on élevait des piliers; parfois de nombreux personnages représentant une scène, ornent les chapiteaux; assez généralement, ils offrent une imitation plus ou moins grossière du chapiteau corinthien, mais contiennent souvent des personnages ou des animaux. L'autel est placé du côté de l'orient, sauf de nombreuses exceptions, à Rome même, comme pendant la période ogivale et depuis la renaissance.

L'architecture romane prit à l'architecture byzantine les frontons et les arcades en mitre simulées ou réelles, mêlées aux arcades en plein cintre des portails, les arcades surélevées au-dessus des piliers de l'intérieur, les arcades géminées et les ouvertures carrées divisées dans le sens vertical. Les fenêtres étaient cintrées, larges intérieurement, étroites à l'extérieur. L'époque du mélange des styles roman et byzantin dans l'occident est très difficile à démêler. « Ce ne fut, dit M. de Caumont (t. 4, p. 119, *Cours d'ant. monum.*) qu'au 11mo siècle que l'association du

style byzantin avec l'architecture romane fut
générale en France. »

L'architecture romane fut généralement d'un
goût plus pur, ou du moins plus sévère que
la byzantine.

Vers la fin du 5ᵐᵉ siècle, les chrétiens pouvant se livrer plus librement, dans tout l'empire,
aux exercices de leur culte, ils bâtirent de
plus grandes églises qu'auparavant. Les cryptes
creusées en souvenir des mystères d'abord
célébrés dans les souterrains, sur les tombeaux
des martyrs, les cryptes, dont l'usage était
général, prirent aussi plus d'étendue. Celle de
Sainte-Eutrope, du 11ᵐᵉ siècle, à Saintes, occupe
autant d'espace que l'église. La construction des
cryptes suivit des gradations. D'abord, on voyait,
à travers une grille au-dessous de l'autel et un peu
en avant, les reliques du saint qui attirait les pélerins. Placées ainsi dans la partie des cryptes au-dessus du sol, elles étaient, comme l'autel, aperçues
par une grande porte, nommée arc-de-triomphe,
dans le mur qui séparait le sanctuaire de la nef.
Les cryptes finirent par être tout-à-fait souter-
raines et s'étendre quelquefois sous toute l'église.

Dans l'origine et pendant assez longtemps,
les bas-côtés n'étaient pas toujours d'une largeur égale. Les autels qui les garnissaient ne se
plaçaient pas dans des niches ou chapelles,
mais le long des murs.

Les colonnes isolées des péristyles furent adossées aux murailles et n'offrirent souvent qu'un demi-relief.

Comme à Sainte-Agnès à Rome, à Sainte-Apollinaire à Ravenne, à la cathédrale d'Avignon, etc., le trône de l'évêque était derrière l'autel et plus élevé.

Les baptistères étaient jusqu'au 6me siècle des édifices séparés, généralement de petite dimension, consistant en réservoirs couverts, parfois circulaires, carrés, en croix, mais assez ordinairement octogones. Ils renfermaient des autels et parfois même des cheminées pour préserver les enfants du froid. Celui de Ravenne, de l'an 540, formé de deux nefs concentriques avec huit arcades, est très beau. Le dôme est de briques cylindriques creuses. On voit encore quelques baptistères en Italie. C'est à Florence, au baptistère de Saint-Jean du 6me siècle, que sont les deux plus belles portes en bronze que l'on connaisse. Elles sont de Ghiberti, et dignes, selon Michel-Ange, d'être les portes du paradis.

L'usage des cloches était répandu au 5me siècle, mais leur grosseur nécessita seulement des tours vers le 8me et encore ces constructions furent-elles assez rares pendant longtemps. Elles étaient généralement carrées avec des toits peu élevés, et de bois comme les églises, ou au moins la plupart d'entre elles. En effet, au

9me siècle et même au 10me, il y en avait beaucoup en bois, mais le bas des murailles était en maçonnerie pour les garantir de l'humidité. (M. de Caumont l. c.) En Italie, les clochers sont presque tous isolés; le plus ancien est du 9me siècle. A moins qu'ils. ne soient à la façade de l'église ou derrière celle-ci, il est impossible qu'ils ne nuisent pas à l'ensemble, ne paraissent pas un édifice joint à un autre ou sur un autre, et ne détruisent l'unité. L'isolement est préférable.

« La plupart des églises romanes primordiales (1) n'étaient pas voûtées en pierres; la charpente qui supportait le toit demeurait souvent à nu, comme dans les basiliques romaines, et les plafonds, lorsqu'on en faisait, étaient presque tous en bois. Les anciens architectes éprouvaient une grande difficulté à construire des voûtes un peu larges en pierres; ce ne fut qu'assez tard, vers le 10me siècle et surtout après l'introduction de l'ogive au 13me qu'ils devinrent habiles en ce genre de travail. » (M. de Caumont, t. c. p. 77.) Pendant longtemps même l'abside seule fut voûtée; le reste était en plafond de bois.

______

(1) Ce sont celles du 5me au 10me siècle inclusivement. Les deux autres époques de la période romane s'étendent, savoir : l'une de la fin du 10me siècle à la fin du 11me, et l'autre des dernières années du 11me siècle au milieu du 12me.

Les relations de Charlemagne avec Byzance
et avec le calife Haroun-al-Raschid, ses guerres
et celles de Charles Martel contre les Maures,
apportèrent sans doute quelques modifications,
dans le goût oriental et arabe, à l'architecture
romane. L'influence qu'elle subit alors, au 9me
et au 10me siècle, lui firent improprement
donner par quelques personnes le nom d'architecture mauresque ou arabe, qui doit être
réssrvé pour une autre architecture.

Vers la fin du 9me siècle, et dans le 10me, il y
eut une décadence manifeste due aux malheurs
du temps et à l'idée universellement répandue
parmi les chrétiens que la fin du monde allait
arriver. Mais une fois cette époque fatale passée,
un nouveau zèle s'empara des peuples pour la
restauration et même pour la reconstruction des
églises existantes, alors presque toutes en bois,
et de celles en très grand nombre qui avaient
été brûlées ou détruites, du moins en France
et en Italie. On donna de plus grandes dimensions, de plus belles proportions, on couvrit
les portails de sculptures.

Au 11me siècle, les bas-côtés entouraient quelquefois, mais rarement le chœur, et alors des
chapelles les garnissaient. Les contre-forts, très
faibles dans l'architecture romane primitive,
eurent un peu plus de saillie; le groupement
des colonnes réunies en faisceau s'établit géné-

ralement, et ce fut, selon M. de Caumont, un acheminement au style ogival. On aperçut quelques cintres en fer à cheval et à anse de panier. Des rosaces, des feuillages décorent le point d'intersection des voûtes, ainsi que des masques, des têtes tirant de longues langues, ayant de longues oreilles, des cornes, genre d'ornement appliqué également aux faces des modillons.

L'usage, qui date aussi du 11ᵐᵒ siècle, de construire deux tours au portail, ne me paraît pas, comme quelques personnes le pensent, une imitation des pylones de l'Egypte qu'on ne connaissait guère alors. Un plus grand luxe ordinaire, à cette époque, dans l'architecture, peut-être le besoin de la défense et le goût naturel de l'homme pour la symétrie, en sont sans doute les vraies causes. Il y avait d'ailleurs une grande difficulté à orner la large façade des églises; une seule tour ne pouvait y suffire, excepté pour des églises de moyenne grandeur comme celle de Saint-Riquier du 15ᵐᵉ siècle. Sur les bords du Rhin, les églises romanes ont deux clochers placés à l'orient, entre les deux absides des côtés et celle du chœur, et généralement un toit à deux pentes les terminaient. Les tours devinrent encore plus nombreuses. Ainsi, aux églises des abbayes de Bénédictins il y en avait une au centre, deux à l'occident et une de chaque côté du chœur. L'ancienne église de

Cluny, près de Macon, en avait une ou plutôt une flèche au-dessus de chacune de ces cinq coupoles, plus une au centre du transept. Selon d'autres, elles étaient situées deux à la façade, une à chacun des angles rentrant formés par les transepts, et une au centre, en tout sept; disposition qui me paraît la plus probable. Il y en avait aussi sept à la cathédrale romano-byzantine de Tournay, dont les extrémités des transepts sont arrondis. Jusqu'au 12me siècle, le nombre des tours est impair à cause de celle placée au centre.

Ainsi que l'observe M. Vitet, il reste seulement des débris de l'architecture antérieure à la conquête de l'Angleterre en 1060. Les Normands détruisirent les châteaux et les églises, et introduisirent l'architecture romane telle qu'elle existait alors en Normandie. Cependant, on voit moins de sculptures dans les églises qu'ils construisirent que dans cette contrée. Comme sur les bords du Rhin, les chapiteaux sont presque tous purement cubiques et rarement ornés de feuillages, de rinceaux ou de figures, et les plafonds sont en charpente peinte formant de grands caissons.

A partir surtout de la seconde moitié du 11me siècle, les fûts des colonnes sont couverts d'une foule de moulures variées.

Dans le midi de la France, les voûtes en

berceau sont communes à l'époque romane. A l'église de Tournus la voûte est formée de berceaux transversaux qui s'appuient sur les arcs doubleaux.

Après que le style byzantin se fût mêlé en France vers le 11me siècle au roman, la croix latine fut adoptée, les contreforts furent plus rapprochés et plus saillants, les chapelles plus nombreuses, les bas-côtés entourèrent le chœur dont le sol fut parfois plus élevé que celui de la nef. La voûte principale, lorsqu'on en construisit, était en berceau. On trouve à des bas-côtés d'églises romano-byzantines, des voûtes en quart de cercle, en forme d'arcs-boutants, dont la partie vers la nef égale presque celle-ci en hauteur; des églises du 11me et du 12me siècle, n'ont pas d'arcs-croisés, mais des arcs parallèles de distance en distance dans le sens du cintre, comme à Saint-Saturnin de Toulouse, et à Saint-Nazaire de Carcassonne, bâti en 1096; ils contribuèrent seulement à donner de la solidité. On y ajouta ensuite des nervures en croix de Saint-André, mais toujours sans les faire saillantes. Elles finirent par le devenir et prendre une forme arrondie, et alors les voûtes ne différaient que par cette disposition de celles des thermes, car les arcs étaient toujours croisés sans ogives. Les nervures et les arcs doubleaux sont plus massifs dans l'architecture romane que dans l'ogivale.

Au 12me siècle, on construisit quelques églises rondes, particulièrement à l'imitation de celle du Saint-Sépulcre, de Jérusalem, qui avait remplacé l'église élevée par Constantin. Il en existait, en effet, un assez grand nombre de cette forme et d'octogones. Les chapelles funéraires étaient circulaires. Au 5me siècle, Saint-Grégoire avait fait bâtir, à Dijon, une église circulaire détruite lors de la révolution de 1789. Elle présentait à l'intérieur trois galeries successives portées par 104 colonnes de marbre. Ce saint personnage en avait fondé une semblable à Tours. La ressemblance avec les théâtres que l'on construisit plus tard, empêcha sans doute dans la suite l'imitation de cette disposition.

Au 12me siècle, l'extrémité du chœur ne fut plus voûtée en forme sphérique, mais polygonale, de manière que les nervures le mettaient en harmonie avec la voûte du reste de l'édifice. Le chœur commença aussi à s'alonger. En Champagne, on voit beaucoup d'absides carrées. Les extrémités des transepts ont d'ordinaire cette forme. A l'église de transition de Noyon, comme à quelques églises romanes, ils sont circulaires, disposition moins rare aux édifices de cette époque en Allemagne.

Au 12me siècle, l'influence exercée par l'orient donna lieu à la multiplication des ornements qui furent d'une exécution moins grossière, surtout dans le midi de la France, où le voisinage de l'Italie se fit toujours un peu sentir. On décora les portails de bas-reliefs et d'un grand nombre de statues. L'église de Saint-Gilles, près d'Arles, du 12me siècle, offre un exemple de cette profusion d'ornements. C'est là que se trouve la vis ou escalier en pierre, célèbre par la perfection de la coupe.

A cette époque on peignit et l'on dora les bas-reliefs de l'intérieur, du moins dans le midi de la France où l'emploi de la peinture s'était montré dans le siècle précédent. La voûte de la cathédrale d'Alby en offre de remarquables. C'est dans les 11me et 12me siècles que furent construits des monastères d'une étendue considérable.

Jusqu'au 12me siècle, l'architecture de chaque province avait un style particulier, c'est-à-dire que des nuances plus ou moins fortes la distinguaient de celles des autres.

Pendant la période romane, l'Italie a fourni des architectes à la France et celle-ci à l'Angleterre. A l'époque mérovingienne, Saint-Eloi, Berquerre, Saint-Colomban, Saint-Martin de Tours.

Sous Charlemagne, Robert Théodulphe, ou Gilbert, Fardulfe, Radgniert.

Au 11me siècle, selon M. Vitet :

Thomas, moine de Bayeux, bâtit le minster d'Yorck.

Le moine Remigius, l'église de Lincoln.

Lanfranc, abbé de Caen, l'église de Canterbury, dont il fut archevêque. Jean de Cens en construisit le chœur en 1175.

Gendulf, moine de l'abbaye du Bec, l'église de Rochester. Je mentionnerai encore Bertin, qui bâtit Saint-Benoît-sur-Loire.

Je me contenterai de la mention de quelques églises romanes et de quelques autres édifices.

Saint-Etienne de Caen, et ses deux belles tours.

L'église de l'abbaye de Jumièges.

L'église de Vezelai (Nièvre), du commencement du 11me siècle; elle a 159 m. 39 c. de longueur, selon d'autres 123 m. sur 26 m. de largeur et 19 à 20 de hauteur. C'est une des plus grandes.

La voûte de la nef de la cathédrale de Spire, du 12me siècle, a 32 m. de hauteur sur 14 de largeur.

L'église de Châtel de Montagne, en Bourbonnais.

Celle de Tarragone.

Celle d'Aix, en Provence, où l'on voit des colonnes lisses et d'autres torses ou entrelacées.

Le portail de Saint-Trophime, à Arles.

Clocher de Saint-Saturnin, à Toulouse.

Clocher de Saint-Germain, à Auxerre.

L'église de Saint-Paul d'Issoire.

L'église de Saint-Benoît-sur-Loire.

La cathédrale de Châlons-sur-Marne.

L'église de Saint-Laurent, à Upsal, du 12me siècle.

La vaste et belle église de Cluny qui n'existe plus.

L'église de Rieux-Mérinvillers, près de Carcassonne, du 11me au 12me siècle; circulaire à l'extérieur, elle offre un polygone à 14 pans à l'intérieur. Son diamètre est de 17 m. 50 c. La nef ou plutôt le milieu a 8 m. 77 c. Une colonnade qui supporte des arcades sépare les bas-côtés cintrés en arcs-boutants. Les fenêtres sont en plein cintre.

En Angleterre, quatre églises circulaires bâties au 12me siècle.

Beau cloître de Saint-Trophime, à Arles, du 13me siècle.

Cloître de Saint-Sauveur, à Aix.

Cloître de Bocherville, en Normandie.

Pont en plein cintre de Ceret sur la Tech, (Pyrénées orientales) d'une seule arche de 46 m. 80 c. d'ouverture, construit sous les rois Visigoths.

Pont Saint-Esprit, d'environ 700 m. de longueur, commencé en 1265.

§. V.

ARCHITECTURE OGIVALE.

Dans le 11me siècle, l'ogive commença à paraître et remplaça, dans le cours du 12me, le plein cintre, qui fut tout-à-fait abandonné vers la fin du 13ᵐᵉ, et encore dans certaines parties des édifices, comme aux tours, on l'employa parfois, tandis que l'ogive s'élançait dans d'autres et régnait exclusivement aux nefs et aux fenêtres. Mais ce mélange eut principalement lieu à l'époque de transition, c'est-à-dire au 12ᵐᵉ siècle, plus précisément de la seconde partie du 11ᵐᵉ à la fin du 12ᵐᵉ siècle.

Dans quel lieu l'ogive fut-elle employée la première fois? Quel en est l'inventeur? C'est ce que nous ignorerons sans doute toujours. Mais peut-être est-il permis de trouver les causes qui mirent sur la voie de sa découverte et celles qui en répandirent l'usage dans presque toute l'Europe en même temps.

On a prétendu que l'ogive venait du nord où les peuples vivant dans les bois, ou, du moins, les parcourant souvent, avaient voulu imiter les voûtes formées par les branches d'arbres. Selon d'autres, les colonnes élancées qui soutiennent les voûtes ogivales rappellent les palmiers du désert et annoncent qu'elles sont dues à un peuple qui, brûlé par les feux du soleil, cherchait la fraîcheur de l'ombre. Ces deux opinions qui ne peuvent, en effet, supporter le moindre examen, sont abandonnées.

Suivant Marie Boutard, le gothique moderne ou ogival « est ce mélange de diverses architectures, dans lequel dominent, suivant les lieux où il s'est formé : en Italie, les habitudes de l'architecture romaine ; en Espagne, celles de l'architecture mauresque ; en France, en Angleterre, en Allemagne, les souvenirs rapportés de Byzance, de la Palestine, des bords du Nil, au retour des croisades. » (*Dict. des arts du dessin.*) Cette définition ne faisant pas connaître l'origine de l'ogive, principal caractère de l'architecture dont nous nous occupons, est nécessairement incomplète.

Dans une lettre à M. de Caumont, lettre souvent citée, que pour cette raison je ne transcrirai pas ici malgré l'importance qu'elle offre, M. Ch. Lenormant établit que les Arabes, après avoir fait la conquête du second empire des Perses, qui exista de l'an 223 à l'an 637, adoptèrent l'architecture des Sassanides, évidemment ogivale, dans leurs constructions en Egypte, en Sicile, etc. Il pense que l'ogive a passé de l'orient à l'occident, non par un fait précis, à jour fixe, mais par infiltration, par les voies militaires, religieuses et commerciales, par les étoffes, les meubles, les récits des voyageurs et même les émigrations d'artistes.

M. Batissier qui, dans ses Eléments d'architecture nationale, p. 445, cite aussi la lettre de M. Ch. Lenormant, ajoute : « Le cabinet des médailles possède un dessin précieux du Tak-

Kena, ou palais de Kosroës, qui subsiste encore au milieu des ruines de Ctesiphon sur le Tigre. Ce dessin, rapporté par l'abbé de Beauchamp, vicaire apostolique à Bagdad, ne laisse subsister aucun doute sur le caractère ogival de l'architecture sassanide.

M. Hittorff est aussi d'avis que l'ogive vient de l'orient et que l'on en trouve l'usage chez les Pelasges, les Étrusques, dans l'Indostan, dans la Cyrénaïque, aux édifices arabes du Caire et surtout à ceux de la Sicile où l'ogive fut employée par les Arabes depuis l'an 830 jusqu'au 10me siècle, et ensuite de 1101 à 1320 par les Normands et leurs successeurs, qui conquirent en 1095 cette contrée où plus tard le plein cintre remplaça l'ogive assez longtemps avant que cette révolution s'opérât dans le reste de l'Europe.

Al. de La Borde affirme, un peu trop hardiment, ce semble, qu'il n'existe dans l'orient aucun monument à ogive antérieur au 13me ou au 14me siècle. Il pense, et il n'est pas le seul de cet avis, que l'ogive plus ou moins imparfaite, connue sans doute depuis longtemps, mais n'ayant eu qu'un emploi accidentel, mais non systématique, ne fut pas imitée de l'orient. Ce qui, en effet paraît certain, c'est qu'il y a lieu de considérer comme le premier rudiment de l'ogive, mais non comme l'ogive même, la forme conique de quelques voûtes sous les pyramides ou des tumulus des Égyptiens, des Celtes, des Mexicains, etc., et d'ouvertures à d'antiques murailles de la Grèce et de l'Étrurie, à des ponts et autres édifices au Mexique, où elle fut employée parce qu'on ne savait pas mieux faire. Cette construction en encorbellement est, en effet, la plus simple et celle qui se présente d'abord à l'esprit. Les voûtes aiguës de quelques tholos offraient plus exactement la forme ogivale.

Suivant M. de Caumont (t. c. p. 216), l'architecture ogivale s'est développée sous la triple influence des conceptions de nos artistes indigènes, des souvenirs romains et du goût oriental qui avait pénétré en Occident. » Cette opinion ne donne pas une solution précise à la question, mais elle est peut-être la seule que celle-ci puisse recevoir.

Trois circonstances me paraissent, soit l'une d'elles seule, soit toutes les trois simultanément, avoir donné l'idée à nos architectes du moyen âge d'adopter l'ogive.

1° Les croisades commencèrent en 1096, mais avant cette époque, des pèlerins nombreux allaient sans cesse à Jérusalem, et dans leurs voyages ils purent remarquer l'ogive dont M. Ch. Lenormant a constaté l'existence en orient avant cette époque, et en rapporter le souvenir.

Il en fut de même des commerçants qui parcouraient l'Orient. Ce sont donc plutôt les pélerins et les commerçants que les croisés qui à leur retour firent connaître l'ogive. L'église de Saint-Germer (Oise), bâtie en 1030, en offre une preuve (1).

2° Lorsque l'architecte jeta les yeux d'une des extrémités de la nef d'une église romane sur la voûte en arête, il dût apercevoir alors la forme de l'arc aigu, comme lorsqu'il se plaça de manière à voir diagonalement deux rangs d'arcades en plein cintre, les piliers de l'un étant alors vers le milieu de l'intervalle formé par ceux de l'autre, disposition architecturale sculptée en bas-relief sur les murailles de plusieurs cathédrales, et dont l'objet est peut-être de rappeler le souvenir de l'introduction dans le pays ou de la découverte de l'ogive, à laquelle on n'avait fait jusqu'alors aucune attention, dans les cas particuliers où on l'avait employée; or, l'homme aimant le nouveau, dût saisir avec empressement une disposition différente de celles existantes, bien qu'elle fût moins agréable à l'œil, car la forme aiguë exclut la grâce.

3° Quand l'espace n'avait pas été divisé également et que le sommet des cintres n'eut pu

(1) Voir la description de cette église par M. l'abbé Corblet.

être de niveau, on employa l'arc aigu pour parvenir au raccordement. On fit de même pour proportionner les entre-colonnements des parties circulaires des églises avec ceux des autres parties. Cette opinion, d'abord émise par M. Mérimée, me paraît assez fondée. Le fait sur lequel elle s'appuie existe souvent aux édifices du 12ᵐᵉ siècle. Ainsi, à Saint-Germain des-Prés, du 12ᵐᵉ siècle, les arcades du fond de l'abside sont terminées en ogive, à cause du défaut d'espace, pour la symétrie, mais le reste est en plein cintre. La voûte d'ogive ayant moins de poussée et exigeant moins d'épaisseur aux murailles d'enceinte, fut parfois employée à des édifices du 11ᵐᵉ siècle, pour les quatre grandes arcades des transepts. C'est ainsi qu'à Saint-Front de Périgueux, antérieur au 11ᵐᵉ siècle, les vastes coupoles suspendues sur la nef et les transepts sont soutenues par quatre grandes ogives construites évidemment en même temps que le reste de l'église. « C'était, dit M. Vitet, pour chercher un moyen qui offrît plus de chance de solidité. Les Romains auraient dédaigné cet expédient, lorsque, passés maîtres dans l'art de construire, ils élevaient avec tant d'audace les arcs et les voûtes semi-circulaires de leur grandes salles des thermes. » (*Études sur les Beaux Arts*, *t. 2, p. 257.*)

Telles sont les circonstances qui me semblent avoir pu rendre général l'emploi de l'ogive.

Comme on l'a vu plus haut, les voûtes des églises romanes furent semblables à celles du style ogival, sauf l'arc aigu. On avait senti que les voûtes croisées qui répartissent la poussée et furent employées par les anciens pour les vastes salles des thermes, procuraient plus de solidité pour les hautes et larges nefs des églises. Les arêtes devinrent saillantes, et il n'y avait plus qu'un pas à faire pour arriver à l'ogive. Les retombées des voûtes des thermes de Dioclétien portaient sur huit colonnes de granit adossées aux murailles, comme les voûtes romanes et ogivales partent, soit des piliers, soit des fuseaux ou torons adossés à ces piliers. Les fuseaux sont l'imitation des pilastres contre les piédroits et s'élevant au-dessus. Les Romains furent les inventeurs de ces voûtes en lunettes ou à pendentifs. La division des voûtes ogivales par les arcs-croisés et leur peu d'épaisseur diminuent la poussée à laquelle s'opposent d'ailleurs les arcs-boutants extérieurs en lui présentant la résistance nécessaire. « En sorte, dit M. Quatremère de Quincy, que l'on doit dire que cette beauté intérieure des nefs est achetée aux dépens de l'élévation extérieure, qui n'offre jamais d'autre idée que celle d'un édifice étayé, incapable de trouver en soi-même le principe de sa solidité. Dans toutes ces pratiques, il est impossible de trouver la science du trait et de la coupe des pierres, et le besoin d'y avoir recours. » (*Dict. d'arch. enc. meth.*)

Dans l'architecture ogivale, tous les massifs de la maçonnerie sont en blocage et composés de couches épaisses de mortier d'excellente qualité et de petites pierres. Ces matériaux peu coûteux, avec lesquels on formait des voûtes de 18 centimètres d'épaisseur, diminuant la poussée, ont contribué à permettre de donner plus d'élévation aux voûtes. Les voûtes des thermes sont formées par une maçonnerie de blocage revêtue de stuc; dans l'architecture ogivale les petites pierres sont en parement. En Italie, la plupart des cathédrales sont en briques. A Toulouse, le portail de l'église du Tour en est aussi bâti.

La question du premier emploi de l'ogive serait décidée, du moins pour l'Europe continentale, si le cloître tout en ogive de l'abbaye de Subiaco était réellement du 9me siècle, comme l'a dit d'Agincourt, mais on sait que des édifices commencés dans le style régnant ont souvent été achevés dans le style ogival que sa nouveauté mettait en vogue. Les dates des constructions sont d'ailleurs souvent incertaines et se confondent aussi avec celles des reconstructions.

Une des difficultés qui s'opposent à la connaissance de l'époque de l'introduction ou de l'usage devenu général de l'ogive, c'est l'emploi, à peu près simultané dans toute l'Europe, emploi dû à la création des corporations libres d'ouvriers qui voulurent se distinguer, dit M. Magnin (*Cours de litt. étrang.*), des architectes sacerdotaux (1) qui avaient toujours bâti en plein cintre. Les plus illustres architectes du 13me siècle firent partie de ces confréries de maçons libres; car l'époque hiératique était passée. Le goût du nouveau et l'enthousiasme religieux facilitèrent l'adoption de l'ogive. Alors «qu'il y avait chez les artistes, dit M. de Caumont (t. c. p. 214), surtout chez les architec-

(1) Par architectes sacerdotaux, on entend les hospitaliers, les templiers, les frères pontifes qui prenaient soin des routes, des édifices et des ponts. Au moyen âge, observe encore M. Magnin, *pontificare* a le double sens de construire un pont et et d'officier. L'ordre des pontifes est du 10me siècle. En 980, un pont fut construit par cet ordre sur la Durance. On lui doit aussi le Pont-Saint-Esprit sur le Rhône. Le but de cette institution était de faciliter aux pélerins le passage des fleuves pour les dispenser de se servir des bateliers qui passaient pour des brigands. Le nom de *pontifes*, donné aux prêtres de Rome, vient, selon Varron, de ce qu'ils étaient chargés de construire des ponts. Dans la période romane, des évêques et d'autres prêtres étant les plus instruits, furent les architectes des édifices religieux; de là vient l'ignorance où nous sommes du nom de ceux qui dirigèrent les constructions de ce temps.

tes, besoin de se perfectionner, besoin irrésis-
tible d'innover. » Cette disposition, selon M.
Vitet (*Revue des Deux-Mondes*, 1845), était
en harmonie, se liait avec les tendances politi-
ques de l'époque pour le changement d'institu-
tions ou plutôt pour l'amélioration de la situa-
tion des peuples qui se résuma dans l'établissement des libertés communales..... C'était le
temps des combats de la raison contre l'autorité, de la bourgeoisie contre la féodalité, de
la langue populaire contre la langue sacerdo-
tale. Le plein cintre était sacerdotal par droit
de conquête ecclésiastique, il était né du dog-
me et de la foi, il était identifié avec l'ancienne société, tandis que l'ogive était laïque, re-
présentait les mœurs et les idées nouvelles.
Peut-être venait-elle de l'orient, mais son emploi systématique est tout-à-fait occidental, la
cause s'en trouve dans l'esprit novateur, hasar-
deux du 12ᵐᵉ siècle. Sa forme insolite sem-
blait caractériser le mouvement des esprits;
elle importait peu d'ailleurs; ce qu'il fallait,
c'était qu'elle fût nouvelle, qu'elle fût différente de celle qui existait. (*Anal. des Etudes
sur les Beaux-Arts*, par M. Vitet.)

A l'époque romane, les missionnaires qui par-
taient de Rome pour la France, l'Allemagne,
l'Angleterre, emmenèrent avec eux des ouvriers
pour bâtir, sous leur direction, des églises aux

convertis, trop ignorants pour en construire eux-mêmes. Ces édifices étaient naturellement dans le style en usage en Italie. Ensuite, les Lombards s'étant adonnés au commerce et à l'industrie avec succès, formèrent des corporations. Celle des maçons sucéda, pour la construction des églises, aux architectes ou ouvriers sacerdotaux. On en appela les membres *francs-maçons,* sans doute à cause des priviléges qu'elle obtint par plusieurs bulles du pape, et surtout celui de la construction exclusive des églises. Aidée par le clergé, elle se répandit partout, admettant dans son sein des prêtres, des Romains, des Grecs, venus de Constantinople et même des habitants du pays où se trouvaient ses membres. L'existence de ces corporations maçoniques est constatée au 12me siècle en Picardie et dans l'Isle de France, et leur organisation à la fin du 14me siècle sur les bords du Rhin. Les communications qui existaient parmi les associés, le secret qu'ils faisaient de leur art, cachant avec soin et détruisant les plans de leurs édifices, concoururent à propager, dans tous les pays où le christianisme avait pénétré, la même manière de bâtir. Il paraît qu'il y avait seulement des nuances dues à l'influence des principaux artistes de chaque province, ce qui, joint à la différence des matériaux dont ils disposaient, fut la source du style particulier qu'on y observe.

Lorsque l'ogive eut remplacé le plein cintre,

on ne construisit guère de cryptes sur lesquelles les églises romanes avaient été bâties. Cependant on cite la cathédrale de Chartres où existe une crypte contenant treize chapelles sous les bas-côtés et une grande partie du pourtour du chœur, mais elle ne peut être antérieure à l'église actuelle. La Sainte-Chapelle, à Paris, s'élève sur une crypte qui a la même étendue que cet édifice.

Ce fut seulement vers le temps de la période ogivale que les toits devinrent très aigus, afin de les mettre en harmonie avec les formes du reste de l'édifice.

Le 12me et le 13me siècle ont été, par suite des communications avec l'orient, l'époque du moyen âge où l'art se distingua par plus d'abondance et d'élégance de sculpture. Les feuilles et les arabesques élégantes qui décoraient l'architecture romane, cessèrent d'être en usage dans l'ogivale ; les statues, les bas-reliefs, etc., couvrent les murailles au moins des portails où sont représentées les grandes scènes du christianisme. Les pinacles, les dais deviennent un nouvel ornement au 13me siècle et sont encore plus en vogue au suivant.

Au 13me siècle, les contreforts sont très saillants et s'élancent en clochetons. Les arcs-boutants, cachés jusqu'alors sous le toit des ailes, s'élancèrent hardiment au-dessus pour soutenir la nef ; on prolongea les nefs latérales autour du chœur. L'usage des balustrades aux toits se répandit; il y a, mais rarement, comme à Notre-Dame de Paris, une galerie supérieure, au-dessus des bas-côtés ; d'autres fois, cette galerie est réduite à un simple passage, et plus souvent des arcatures en rappellent le souvenir. Les sculptures furent meilleures ; les colonnes annelées, qui avaient paru dans le cours du 12me siècle, furent généralement usitées ; les colonnettes groupées reçurent les nervures des voûtes, un des caractères de l'architecture ogivale, ainsi que les fûts toujours lisses ; les chapitaux et les frises sont ornés de feuilles indigènes, rarement peints ; les figures monstrueuses disparaissent ; le chapiteau est uniquement végétal. Des colonnes de la cathédrale de Chartres sont surmontées de chapiteaux presque corinthiens purs. Ils tiennent généralement du style roman ou byzantin, le tailloir d'abord carré devient octogone. A la cathédrale de Milan, les chapiteaux sont ornés de statues entières de grandeur naturelle dans des niches. A celle de Cologne, les chapiteaux des colonnes ou piliers polystyles offrent des feuillages variés, assez élégants. Les statues, assez bonnes pour le temps, sont peu nombreuses et placées autour des portes.

Au 13me et au 14me siècle, la peinture fut employée quelquefois aux murailles extérieures et intérieures, souvent aux bas-reliefs intérieurs et aux nervures des voûtes.

Quelle que soit l'origine de l'ogive, au moins est-il certain qu'elle se modifia, en prenant dans le milieu du 13ᵐᵉ siècle cet élancement, cette légèreté qui en fait le principal mérite, car elle a été d'abord peu aiguë, comme celle des monuments de l'orient, puis le devint davantage et prit le nom de tiers-point, puis enfin celui d'ogive à lancette en s'alongeant encore au sommet. Ce fut enfin à cette époque que fleurit l'architecture ogivale.

Les tours prirent de la hauteur et furent terminées le plus souvent par des pyramides quadrangulaires. Celles de Notre-Dame de Paris ont sans doute été construites pour rester dans l'état où on les voit, bien que l'on ait dit qu'elles étaient inachevées, une flèche ayant dû s'élever au-dessus de chacune, ce qui, au reste, les eût mis plus en harmonie avec les autres partie de l'édifice. Il y en a qui ont des flèches très aiguës, comme celle de la cathédrale de Bordeaux; à d'autres, elles sont obtuses, comme à Amiens; à Strasbourg, une flèche aiguë s'élève d'une seule tour. A chaque extrémité des transepts, il se trouve souvent des tours peu élevées. On en voit aussi parfois aux quatre angles rentrants, formés par la disposition en croix de l'église. Quoique les tours fussent tantôt en nombre pair, tantôt en nombre impair, cependant les nombres trois et cinq furent les plus ordinaires. Les plus belles flèches appartiennent surtout au 14ᵐᵉ siècle.

L'ogive se montra d'abord dans le nord et l'ouest

de la France, où elle fut complètement adoptée. Au sud de la Loire, l'ogive ne fut employée, à ce qu'il paraît, qu'au 12me siècle, et n'y domina jamais absolument. Au 13me siècle, le plein cintre était encore généralement préféré. L'ogive n'y fut employée, suivant M. Mérimée, que par nécessité, pour la solidité et la facilité, d'abord, à ce qu'il paraît, dans les parties inférieures de la construction, et n'y régna jamais systématiquement. Dans la Bourgogne, ce fut au 15me siècle que l'on contruisit le plus grand nombre des églises, et le style romano-byzantin continua presque toujours d'être adopté seul ou principalement. Au 16me siècle, on éleva encore quelques églises dans ce style.

Jusqu'au 13me siècle, l'hémicycle oriental était encore ordinairement accompagné de deux ou de quatre absides, les transepts saillaient peu, on continuait d'alonger le chœur, de donner à l'abside une forme polygonale et d'en faire une chapelle. Ce polygone était produit par la moitié de l'hexagone, de l'heptagone, de l'octogone, du décagone, du dodécagone.

Au 13me siècle, le chœur a une forme polygonale, les bas-côtés l'entourent, puis trois, cinq, ou sept chapelles, sauf en Angleterre où les bas-côtés comme le chœur sont terminés carrément. Un jubé et un buffet d'orgues, presque toujours placés contre la muraille du chœur, rendent celle-ci moins désagréable à la vue. Les transepts ne sont jamais arrondis, comme on le voit à quelques églises romane, byzantine et de transition, bien qu'ils eussent été ainsi plus en harmonie avec le chœur. Cette disposition n'a-t-elle pas été admise dans les édifices de la période ogivale parce qu'elle était assez commune en orient, et que l'église latine ne voulait pas imiter la manière de bâtir des chrétiens séparés d'elle? C'est ce qui est possible. Peut-être en fut-il de même des coupoles également en usage en Grèce et en Orient, et qu'on trouve principalement, selon la remarque de M. Vitet, dans les villes du nord de l'Europe alors en communication avec ces contrées. Dans les églises moyennes et petites, le chœur a souvent la forme carrée. La croix est la forme générale des églises du 13me siècle.

Les portiques ou pour mieux dire, les narthex, lieux qui consistaient en de grands vestibules où se tenaient les cathécumènes, sont rares; cependant à la cathédrale de Chartres il y en a de beaux à chaque transept; il en existe aussi aux transepts de la cathédrale de Bourges; un, qui est un vrai portique, d'une disposition extraordinaire et que je crois unique, au portail de la cathédrale de Montpellier; un à celui de Saint-Germain-l'Auxerrois à Paris, etc.

L'église de Constance, du 12me au 13me siècle,

offre une coupole à pendentifs. A Loches, on voit une coupole en ogive. Ce sont des souvenirs de l'architecture byzantine.

C'est à partir du 14ᵐᵉ siècle que l'usage qui commença au 12ᵐᵉ de donner une plus grande dimension à la chapelle de la Vierge, devint général. Des chapelles furent alors disposées le long des bas-côtés. Jusque-là beaucoup de grandes églises n'avaient pas de chapelles latérales; telle était Notre-Dame de Paris.

Le zèle pour bâtir des églises se ralentit dans le 14.ᵐᵉ siècle et encore plus dans le suivant. Il est vrai qu'elles étaient alors assez nombreuses pour que le besoin ne s'en fît pas sentir, surtout dans les villes. La disposition des feuilles alors employées abondamment à l'ornement des ouvertures surtout donnèrent lieu au nom d'ogive rayonnante.

Au 15ᵐᵉ siècle, les arceaux ou arêtes saillantes des voûtes ont plus de saillie et prennent ainsi que toutes les moulures une forme anguleuse. Les bases des colonnes sont toutes polygonales; souvent les colonnes n'ont pas de chapiteaux, les fûts se réunissent, se pénètrent, et les arceaux ne sont que leur continuation. Après le milieu de ce siècle, les arceaux commencent à se ramifier, des personnages sont quelquefois sculptés à la réunion des nervures, et la sculture devient plus fine, plus délicate et en même temps plus variée, représentant des choux frisés, des chardons communs, etc. Il règne alors dans toutes les parties des édifices plus d'arbitraire. La ligne sinueuse qui domine et la profusion des ornements caractérisent le style de cette époque, auquel on a donné le nom de flamboyant, et qui exista jusque dans le cours du 17me siècle. Les crampons de fer y jouent un grand rôle pour soutenir les porte à faux. De belles flèches sont encore construites. Dans les églises de Cluny, de Brou, etc.; de riches personnages ont fait, dans ce temps, disposer des cheminées pour se chauffer dans les chapelles qu'ils avaient fondées.

Dans le 16me siècle, les chapiteaux ont très peu de hauteur, des nervures prismatiques remplacent les colonnes, plus souvent que dans le précédent. Les voûtes au contraire, du 13me et du 14me siècle, ont alors encore plus qu'au 15me une tendance à s'abaisser. Les points où se réunissent les arceaux sont aussi couverts de culs de lampes, de clefs pendantes, etc., plus grands et plus découpés qu'ils ne l'avaient été jusque-là. L'emploi du bois pour la construction des voûtes des églises dans le nord de l'Europe donna naissance à ce genre d'ornement qui fut reproduit sur la pierre quand celle-ci servit seule pour voûter ces édifices. Au point de réunion des arceaux ou nervures était un poinçon dans lequel ils s'assemblaient. On laissa fort longue son extrémité inférieure et on la découpa de toutes sortes de manières. Telles sont les clefs pendantes de la voûte de la chapelle du roi Henri VII dans l'abbaye de Wesminster et celles de l'église de Poix en Picardie, qui ont plus d'un mètre de saillie et autant de largeur. Les arcades en flèche ou cintres en accolade s'élevant verticalement en pointe, au centre, employées au 15me siècle, continuèrent à l'être dans le suivant.

Enfin l'architecture ogivale cessa d'être en usage pour les édifices religieux vers le milieu du 16me siècle. On la préféra cependant encore jusques vers le milieu du 18me siècle, pour les églises des campagnes éloignées des villes, plutôt par habitude que par choix. Au reste, l'exécution était alors en général grossière et sans goût.

A l'époque de la renaissance, au 15me siècle, il y eut, comme à l'époque de transition du style roman ou style ogival, un mélange, mais en sens inverse, du plein cintre et de l'ogive ; le premier se montra d'abord un peu, puis davantage, puis régna seul, l'ogive étant abandonnée.

En Italie, la connaissance des monuments de l'architecture antique, que l'on avait continuellement sous les yeux, empêcha l'ogive de dominer et d'y paraître en quelque sorte autrement qu'accidentellement, cette contrée n'offrant aucun édifice où l'ogive existe partout et dans sa pureté. A Rome, il n'y a qu'une seule église, Santa-Maria-sopra-la-

Minerva, où l'ogive se montre, car à Santa-Maria-in-Araceli, il n'y a qu'une corniche qui appartienne au style ogival. Il paraît que l'Italie connut ce style par l'Allemagne.

En Espagne, l'ogive était adoptée au 13me siècle. On n'est pas encore assuré qu'elle n'y fut pas introduite avant cette époque.

En Allemagne, la forme générale des églises fut celle de la basilique romaine, bien que le style byzantin se fit aussi sentir dans ce pays qui renferme un assez grand nombre d'églises romano-byzantines et de transition. L'ogive y fut introduite au milieu du 12me siècle. Au 14me et au 15me, le caprice parut et domina comme en France ; la décadence de l'art fut semblable. L'architecture ogivale avait pris beaucoup de développement dans ce pays et produit quelques beaux monuments.

En Angleterre, l'architecture ogivale ne commença à paraître qu'un peu plus tard qu'en France, vers 1190, mais sans transition, et brilla seulement à la fin du 13me siècle. Le chœur des premières églises fut terminé carrément. Au lieu du style flamboyant, l'Angleterre eut le style perpendiculaire, au 15me siècle. Il consiste dans des meneaux droits, comme des barres de fer, aux fenêtres et dans des formes semblables aux portails surtout. Au 15me siècle et au commencement du 16me, on exécute d'énormes clefs pendantes ; l'arcade de Tudor ou d'Elisabeth, sorte d'ogive très aplatie, est quelquefois aussi employée en France, et se montre assez fréquemment en Angleterre. Les tours sont droites comme celles de l'Italie et sans pyramider sensiblement. Les flèches sont très rares, celle de l'église de Salisbury est, il paraît, la plus élevée. Dans le cours du 16me siècle, le style grec fut préféré et remplaça le style ogival, sans le style intermédiaire de la renaissance, comme en France.

C'est dans l'ouest et dans le nord de la France, puis en Belgique et en Allemagne, puis en Angleterre, que se trouvent les plus beaux édifices de l'architecture ogivale.

L'Italie revint la première à l'architecture grecque qui remplaça l'architecture ogivale abandonnée presque simultanément dans toute l'Europe, en France, en Angleterre, en Allemagne, etc. On n'est pas d'accord sur la cause de ce fait. Selon M. Hoppe, la puissance papale s'affaiblissant, les princes ne voulant plus souffrir dans leurs états les priviléges des francs-maçons, faisant en conséquence des réglements sévères contre eux, et toutes les villes étant d'ailleurs pourvues d'édifices religieux, la corporation s'éteignit peu à peu et emporta avec elle le secret des moyens qu'elle avait employés pour construire solidement nos immenses cathédrales, moyens qu'elle n'avait découverts que successivement, et que, dans l'ignorance où l'on vivait alors, des constructeurs isolés ne pouvaient guère trouver. On peut répondre à cette opinion que le 16me siècle était beaucoup moins ignorant que les précédents, qu'il suffisait d'examiner, d'étudier nos cathédrales pour parvenir à en élever de pareilles, et que les immenses et admirables coupoles construites vers cette époque offraient bien plus de difficultés que les voûtes ogivales trois ou quatre fois moins larges, deux fois moins hautes, et les plus faciles de toutes. Sans doute la dissolution des corporations d'ouvriers a pu concourir à l'abandon du style ogival, mais la quantité considérable d'églises, la réforme qui diminua le nombre des catholiques, et le refroidissement du zèle de ceux restés dans le sein de l'église qui consentaient difficilement à venir travailler ou à contribuer par leur argent à de nouvelles constructions, ont pu aussi empêcher l'érection de grands édifices. M. Rigollot (*Mém. de la soc. des ant. de Picardie*, *t.* 6) en soupçonne, avec assez de probabilité, la cause dans l'amour du changement naturel à l'homme. Effectivement, lorsque les arts ont atteint le degré de perfection auquel il est permis à l'humanité de les faire parvenir, ils déclinent, puis se relèvent pour retomber encore et ainsi de suite. La perfection à laquelle ils arrivent dans le cours de leurs vicissitudes est toujours fondée sur les mêmes principes. Leur imperfection seule est diverse, selon les circonstances, parce qu'elle n'est pas dans le vrai. Les siècles de Périclès, d'Auguste, de Léon X et de Louis XIV sont ceux que d'un concert unanime on regarde comme ayant vu le règne du beau.

Une des principales causes de l'abandon de l'architecture ogivale me semble être dans la décadence où elle se trouvait lors de la renaissance de la littérature des anciens avec laquelle les arts du dessin avaient été en harmonie. Fondés également sur les principes éternels du beau, ils devaient marcher ensemble. On voit, dans les ornements des églises ogivales du 15me siècle, des façades d'édifices grecs, avec leurs colonnes, leurs entablements, leurs frontons. Ces formes nouvelles annonçaient l'impression profonde que causait la connaissance des arts de l'antiquité. En France, l'arrivée du Primatice et des autres artistes italiens détermina le retour à l'art grec. La justesse des proportions, l'élégance et la pureté des détails, comparées à l'absence de proportions et à la raideur de l'architecture ogivale, frappèrent tous les esprits.

Les édifices de la période ogivale offrent des beautés incontestables, comme l'effet des portails produit par la grandeur dimensionnelle et même aussi par les proportions relatives; la hauteur et la légèreté des flèches; l'immense élévation des nefs ayant en général trois fois leur largeur

en hauteur, laquelle paraît encore plus considérable par l'effacement des saillies horizontales
et la prolongation depuis le pavé jusqu'à la
voûte des piliers ronds ou colonnes le long
desquels l'œil glisse sans obstacle, disposition
qui a son origine dans l'emploi, à l'époque
du Bas-Empire, des arcades sur colonnes qui fit
disparaître l'entablement; les vastes roses qui
décorent généralement les deux extrémités de
la croisée et qui plaisent par leur forme circulaire, par la symétrie et l'élégance des nervures
et par l'éclat des peintures sur verre, au moyen
des plus belles substances colorantes, seul genre
de peinture dont on pût à peu près alors décorer les édifices. Il faut joindre à ces mérites la
disposition des différentes parties à produire la
même forme, la forme pyramidale qui caracté-
rise ce genre d'architecture. En effet, elle se
trouve dans les tours des portails, qui sont en
retraites successives, dans les flèches, dans les
clochetons, qui augmentent la force des arcs-
boutants, dans les toits pointus, dans les frontons, dans les pinacles, comme dans les cintres
d'ogive des nefs et des fenêtres.

Mais il y a aussi des défauts aux édifices du
style ogival et on ne peut, certes, regarder
comme inférieures à ceux-ci les plus beaux
monuments du style grec dûs aux anciens et
aux modernes. Si des critiques de notre temps

ont reproché aux grands écrivains du 17me et du 18me siècle d'avoir méconnu le mérite de nos cathédrales gothiques, les plus judicieux d'entre eux, ceux qui ne sont pas exclusifs par suite d'idées préconçues, de l'influence de la mode ou d'autres motifs, tout en admettant le génie, la pensée qui a présidé à la conception de ces grandes œuvres, reconnaissent, cependant, qu'on n'y trouve pas l'art, c'est-à-dire la perfection de la forme, la pureté de goût. Les partisans de l'architecture grecque *bien appliquée* aux églises ne pensent pas autrement, ils admirent aussi le génie, mais brut, inculte du moyen-âge.

Les nefs sont, sans doute, très élevées, mais leur hauteur n'est pas proportionnée à leur largeur, parfois à un point extrême, et il en résulte un effet pénible ; elles choquent par leur étroitesse, ne présentent pas de solidité apparente et ne se maintiennent qu'au moyen de nombreux contreforts ou arcs-boutants procurant des points d'appui qui, dissimulés à l'intérieur, permettent cette feinte hardiesse tant admirée. A l'extérieur, l'édifice semble être étayé de tous côtés. Il faut convenir, cependant, que les clochetons de la cathédrale d'Amiens sont disposés de manière à présenter un aspect moins désagréable par suite de leur proportion et de leur élévation relativement au toit, mais cette église est peut-être la seule qui ait ce mérite. De gros et informes appuis ou contreforts allourdissent la plupart des autres églises, surtout celles d'une dimension ordinaire. Au reste, c'est dans la combinaison des proportions des arcs-boutants avec l'élévation des voûtes des nefs que les architectes du moyen âge ont montré, comme constructeurs, une grande science que rien n'annonce, on ne peut s'empêcher d'en convenir, dans les soutiens ou piliers des intérieurs, dont la grosseur et le grand nombre gênent la vue.

Toutes les formes des diverses parties, tant des grandes que des petites, sont raides, sans élégance.

La profusion des sculptures des portails, qui forme souvent un si grand contraste avec la nudité des murailles extérieures et même intérieures, présente un véritable cahos, qui a fait dire à J.-J. Rousseau (14ᵐᵉ *lettre sur la musique française)*, dans un accès de mauvaise humeur, « que les portails gothiques ne subsistent que pour la honte de ceux qui ont eu la patience de les faire. » On peut certainement, appliquer avec plus ou moins de fondement, selon les diverses périodes de l'architecture du moyen âge, ce que M. Woillez, un de ses sincères admirateurs, dit seulement de celles des 15ᵐᵉ et 16ᵐᵉ siècles « ... assemblage (aux façades) plein de confusion qui fait disparaître l'ensemble de l'édifice sous un réseau d'ornements parasites distribués sans motifs et sans grâce. » (*Mém. de la soc. des ant. de Picardie*, *t.* 6. *p.* 438.) « Dans les arts du dessin, le goût noble et pur que la Grèce avait transmis à l'Italie et que les Gaulois avaient reçu des Romains, ce style qu'on appelle classique, et qui ne reparut en Europe que lorsque la lumière de la renaissance eut enfin dissipé les ténèbres de la barbarie, avait fait place à un goût bizarre, à des formes étranges d'un goût nouveau, à des ornements capricieux tout-à-fait comparables à ces dessins grossiers que les sauvages de l'Amérique ou de l'Océanie tracent sur les armes et le peu d'ustensiles dont ils se servent. Ce caractère est empreint sur toutes les productions du moyen âge; on le trouve partout où est venue à l'ouvrier la pensée d'embellir de quelque manière l'objet qu'il fabriquait, sur les bijoux dont se paraient les femmes ou les rois, sur les enlumi-nures des manuscrits, sur les broderies des étoffes, sur les sculptures des porches des églises, et il leur imprime un caractère particulier en opposition complète avec celui des œuvres de l'antiquité. C'est ce qu'on a exalté outre mesure dans ces dernières années et qu'on a désigné sous le nom, à notre avis, très impropre d'art chrétien. On trouvera dans la forme, dans le

dessin, dans l'ornementation des objets divers
que nous décrirons, curieux débris des tribus
encore païennes de la famille Teutsch, le genre
incontestable et les éléments réels de ce style,
appelé septentrional, germanique, scandinave
ou gothique, qui remplaça pendant longtemps,
dans notre occident, les heureuses inspirations
de l'art hellénique. » (*Recherches hist. sur les
peuples de la race teutonique* qui envahirent les
Gaules au Vme siècle, par M. Rigollot. *Mém. de
la S. des ant. de la Picardie*, t. X, p. 122.)
M. Rigollot (*id. ib. p.* 192) considère donc comme
une inspiration des races teutones les imbri-
cations, les moulures à compartiments, les nattes,
les rubans, les entrelaces, les brisures, les
cannelures, les losanges, les gaufrures, les
chevrons, les torcs brisés, givrés, chevronés,
rompus, les billettes, les étoiles, les têtes de
clous, les frettes cannelées ou rectangulaires,
les damiers, etc., tous produits d'une industrie
également pauvre et barbare. J'observerai qu'il
s'agit seulement ici de détails, ne représentant
d'ailleurs pas, sauf de rares exceptions, des
objets pris dans la nature, et que conséquemment
il n'y a pas de contradiction avec les opinions
émises au commencement de ce mémoire.

Le corps humain tatoué partout et chargé de
verroterie, est, au corps humain dans l'état
naturel, qui par ses divisions et les contrastes

de couleur offre autant de variété qu'il en faut sans nuire à l'unité, comme un portail gothique est à un portail grec d'une belle ordonnance; on a cru excuser ce manque de goût en prétendant que les sculptures avaient pour objet l'instruction du peuple qui en aura certainement fort peu profité, car combien de personnes font autre chose que de parcourir rapidement des yeux cette multitude de sujets divers sans s'arrêter à un seul? Et d'ailleurs le peuple pouvait-il les comprendre, puisque l'explication par des savants est indispensable même aux personnes instruites de nos jours? Les peintures des vitraux, que quelques personnes ont appelées le Livre des Laïques, étaient un peu moins difficiles à comprendre. Maintenant la lecture étant une connaissance vulgaire, des sculptures ayant l'instruction pour objet seraient encore plus inutiles. Cette multiplicité de sculptures fatigue l'esprit. Elle est la violation de ce précepte plein de sagesse de Lebatteux (t. 1. p. 303) que lorsque plusieurs arts sont unis, un seul doit exceller et les autres rester dans le second rang. Les peuples ignorants prennent pour le beau ce qui a exigé beaucoup de travail, ce qui annonce des difficultés vaincues. L'orfèvrerie qui florissait alors a pu influer sur les décorations des sculptures et contribuer aussi à la vogue de ces broderies, de ces découpures qui feraient plus de plaisir si elles étaient exécutées avec moins de roideur. On put employer des figures d'hommes et d'animaux, à la différence de la sculpture mauresque, la loi de Mahomet le défendant.

Les trompes, les rosaces en pendentifs, tous ces tours de force qui appartiennent, il est vrai, à l'époque de la décadence de l'architecture ogivale, ne tiennent qu'au moyen d'armatures en fer. Elles ne présentent pas la solidité apparente.

Dans l'architecture ogivale, il n'y a pas de règles, tout est arbitraire. Les proportions relatives des parties ne sont pas fixées; dans le même édifice, le diamètre des colonnes n'est pas en rapport avec leur hauteur; une maigreur sensible naît de l'élévation disproportionnée de certaines colonnes tandis que d'autres offrent un défaut opposé; les chapiteaux sont de formes différentes, aussi l'œil n'éprouve-t-il pas, comme à la vue des monuments de l'architecture grecque, le plaisir de cette sage disposition et de cette noble simplicité qui la distingue de toutes les autres. La solidité apparente satisfait en même temps la raison et le goût. En effet, selon M. Lebrun, architecte, « le principe fondamental de l'architecture est celui de la plus grande stabilité donnée à un édifice quelconque par la disposition des pièces qui le composent. Il se réduit à ceci : les soutiens doivent être égaux aux fardeaux. » Il faut donc qu'une étude de la statique détermine toutes les proportions ; et comme dans la nature les lois physiques et les lois morales sont en harmonie ou plutôt se confondent, point de doute que ces proportions ne soient agréables et réellement les plus belles. Ainsi, à la beauté des édifices on aura joint la solidité et l'économie. Telle est la conséquence du principe lumineux de M. Lebrun. La grandeur linéaire est sans doute un mérite, mais qui ne saurait racheter le défaut de proportion. On a prétendu, cependant, depuis quelques années, que toutes les parties des églises ogivales étaient proportionnées entre elles. Je veux bien ne pas prendre des églises de différentes époques pour montrer combien cette opinion est peu fondée, car je n'aurais qu'à citer la nef de la cathédrale d'Amiens qui a trois fois sa largeur en hauteur, celle de Saint-Wulfran à Abbeville presque le quadruple, et celle de Saint-Riquier le double, et qui, malgré cette faible élévation proportionnelle, semblable ou à-peu-près à celles des ouvertures à arcades de l'architecture grecque, est un des chefs-d'œuvre du style ogival suivant M. Gilbert et tous ceux qui la connaissent ; mais je comparerai les églises de Saint-Denis, d'Amiens et de Cologne, dont les nefs ont environ; la première le double, la seconde le triple; la troisième le quadruple (1). Ces trois édifices sont de la plus belle époque du style ogival, du 13me siècle, et justement estimés. Sans doute les proportions ne sauraient jamais être exactement les mêmes; il n'y a qu'une seule règle générale et il est permis à l'artiste de se mouvoir dans une certaine limite, mais les différences ci-dessus les excèdent certainement. On a dit que les églises ogivales du 13me siècle, les seules qu'on considère comme arrivées à la perfection et que l'on défende, admettaient les proportions de l'homme. Mais l'homme a plus du tiers et même plus du quadruple de sa largeur en hauteur. Les portails n'ont même à près que le double de leur largeur en hauteur. Sans doute, on est dans l'erreur lorsqu'on a dit que tous les édifices du moyen âge n'offraient qu'une compilation informe, que le résultat du hasard et d'une imagination déréglée. On considérait alors en bloc, pour ainsi dire, les constructions du moyen âge, sans distinguer celles de l'Allemagne et de l'Angleterre que l'on n'étudiait pas, et celles en-deçà de la Loire, d'avec celles

(1) C'est par suite de cette considération que M. Aulnette de Ventenet (*De la stabilité comme principe de l'architecture*), prétend établir que la cathédrale de Cologne est la seule qui offre un système de proportions relatives bien fixé.

du midi et de l'Italie, et on généralisait alors ce qui ne devait s'appliquer qu'à la plupart des églises de tous les pays du 6me au 12me siècle et à toutes celles au-delà de la Loire et du Danube, et encore ces dernières présentent-elles cette symétrie plus ou moins complète que l'homme met dans tous ses ouvrages, un système de disposition générale et d'ornementation qui leur donne un air de famille. En effet, les cintres, les moulures, les ornements indiquent assez bien l'âge des monuments. Au 13me siècle, de 1220 à 1280, suivant M. Vitet, les proportions générales sont les mêmes dans tous les édifices. Il aurait dû dire, dans la plupart, en de-çà de la Loire et du Danube, bien que la similitude n'eut rien d'extraordinaire, puisqu'ils sont dûs aux corporations qui travaillaient d'après les mêmes règles, qui avaient sans doute pour objet plutôt les dispositions des édifices que la proportion relative de leurs parties.

Ainsi, quelles que soient les qualités qui distinguent un assez grand nombre d'églises ogivales, il n'est donc pas étonnant que l'architecture grecque ait remplacé partout l'architecture dont elles sont le produit, et soit adoptée dans toutes les contrées de l'Asie, de l'Afrique et de l'Amérique où la civilisation européenne a pénétré.

La supériorité de l'architecture grecque sur

celle du moyen âge a été parfaitement sentie et exprimée, non seulement par le profond et judicieux Quatremère de Quincy, dont l'autorité est si grande dans les beaux arts, mais encore par plusieurs écrivains célèbres dont l'esprit supérieur ne saurait avoir été influencé par des préjugés qui auraient pu régner au moment où ils vivaient. Je citerai seulement les passages suivants:

« Les inventeurs de l'architecture qu'on nomme gothique, et qui est dit-on celle des Arabes, crurent sans doute avoir surpassé les architectes grecs. Un édifice grec n'a aucun ornement qui ne serve qu'à orner l'ouvrage. Les pièces nécessaires pour le soutenir ou pour le mettre à couvert, comme les colonnes et la corniche, se tournent seulement en grâce par leurs proportions. Tout est simple, tout est mesuré, tout est borné à l'usage. On n'y voit ni hardiesse, ni caprice qui impose aux yeux. Les proportions sont si justes, que rien ne paraît fort grand, quoique tout le soit. Tout est borné à contenter la vraie raison. Au contraire, l'architecture gothique élève, sur des piliers très minces, une voûte immense qui monte aux nues. On croit que tout va tomber, mais tout dure pendant bien des siècles. Tout est plein de fenêtres, de roses et de pointes. La pierre semble découpée comme du carton. Tout est à jour, tout est à l'air. N'est-il pas naturel que les premiers architectes gothiques se soient flattés d'avoir surpassé, par leur vain raffinement, la simplicité grecque? Changez seulement les noms : mettez les poètes et les orateurs à la place des architectes. Lucain devait naturellement croire qu'il était plus grand que Virgile ; Sénèque, le tragique, pouvait s'imaginer qu'il brillait bien plus que Sophocle. Le Tasse a pu espérer de laisser derrière lui Homère et Virgile. Ces auteurs se seraient trompés en pensant ainsi. » (Fénélon, lettre sur *l'Eloq. etc. à l'Acad. Française.*)

« L'ame aime la variété : mais elle ne l'aime, avons-nous dit, que parce qu'elle est faite pour connaître et pour voir ; il faut donc qu'elle puisse voir et que la variété le lui permette ; c'est-à--dire, il faut qu'une chose soit assez simple pour être aperçue et assez variée pour être aperçue avec plaisir. Il y a des choses qui paraissent variées et ne le sont point, d'autres qui paraissent uniformes et sont très variées. L'architecture gothique paraît très variée, mais la confusion des ornements fatigue par leur petitesse ; ce qui fait qu'il n'y en a aucun que nous puissions distinguer d'un autre, et leur nombre fait qu'il n'y en a aucun sur lequel l'œil puisse s'arrêter ; de manière qu'elle déplaît par les endroits même qu'on a choisis pour la rendre agréable. Un bâtiment d'ordre gothique est une espèce d'énigme pour l'œil qui le voit ; et l'ame est embarrassée, comme quand on lui présente un poème obscur.

L'architecture grecque, au contraire, paraît uniforme, mais comme elle a les divisions qu'il faut et autant qu'il en faut pour que l'ame voie précisément ce qu'elle peut voir sans se fatiguer, mais qu'elle en voie assez pour s'occuper; elle a cette variété qui fait regarder avec plaisir. Il faut que les grandes choses aient de grandes parties; les grands hommes ont de grands bras, les grands arbres de grandes branches et les grandes montagnes sont composées d'autres montagnes qui sont au-dessus et au-dessous; c'est la nature des choses qui fait cela. L'architecture grecque, qui a peu de divisions et de grandes divisions, imite les grandes choses, l'ame sent une espèce de majesté qui y règne partout. C'est ainsi que la peinture divise par groupes de trois à quatre figures celles qu'elle représente dans un tableau; elle imite la nature, une nombreuse troupe se divise toujours en pelotons, et c'est encore ainsi que la peinture divise en grandes masses ses clairs et ses ombres. » (Montesquieu, *Essai sur le Goût.*)

« Quelle masse! quelle élévation! quelle circonférence! est-ce une montagne de marbre qu'on a taillée? c'est la cathédrale (de Florence). On entre, et du premier regard l'imagination touche au ciel; mais au second, elle tombe; car ces colonnes gothiques sont trop faibles pour la soutenir. Les Goths croyaient que le grand était beau, et que l'énorme était grand.... La proportion! ce n'est pas la proportion seule qui fait le beau, mais sans elle, il n'y a pas de beau. » (Dupaty, lettre 34me *sur l'Italie*.)

Le père André, l'abbé Fleury, Bossuet, etc., ont exprimé la même opinion.

Goethe partageait le dédain de ses contemporains pour l'architecture gothique, quand vers 1766, à l'âge de 17 ans, il voit la cathédrale de Strasbourg. Ses idées changent alors et il ne se lasse pas d'admirer l'ensemble et les détails de ces édifices. Plus tard, de 1783 à 1787, dans la maturité de son génie, l'aspect des monuments de l'Italie le frappe au point de se réjouir de la rectification de son opinion, de ce qu'il lui est donné d'apprécier la supériorité de l'architecture grecque sur la gothique qu'il traite avec une grande rigueur.

Lors de son voyage en Orient, M. de Lamartine s'arrêta à Athènes. Il vit le Parthénon, et tout en conservant de l'estime pour les beautés de quelques édifices du moyen âge, il reconnut leurs défauts et n'hésita pas à proclamer que l'architecture grecque était l'architecture par excellence.

EDIFICES LES PLUS REMARQUABLES.

EGLISES.

France. Cathédrale de Noyon, Saint-Germain-des-Prés et abside de Saint-Martin-des-Champs à Paris, édifices de transition de l'architecture romane à l'architecture ogivale. Cathédrale d'Amiens, de Paris, de Rheims, de Strasbourg, de Beauvais, de Chartres, de Metz, de Toul, d'Orléans, de Bourges, de Nevers, de Rouen, de Soissons, de Bordeaux, de Digne, de Carcassonne, de Montpellier, d'Alby; Sainte-Chapelle de Paris, églises de Saint-Germain-l'Auxerrois, de Saint-Jean à Perpignan, de Saint-Ouen à Rouen, de Rue, de Saint-Vulfran à Abbeville, de Saint-Riquier; de Saint-Etienne-du-Mont, de transition de l'architecture ogivale à la renaissance.

Belgique. Sainte-Gudule à Bruxelles, cathédrale d'Anvers.

Allemagne. De Worms et de Mayence, de transition de l'architecture romane à l'architecture ogivale, avec voûtes en plein cintre; de Cologne, de Notre-Dame de Fribourg en Brisgau, de Saint-Sebald à Nuremberg, de Saint-Etienne à Vienne, d'Ulm, de Saint-Pierre de Ratisbonne, d'Erfurt, de Sainte-Elizabeth à Marbourg.

Angleterre. De Salisbury, de Wells, d'Exeter, de Litchfield, d'Yorck qui a été incendiée, l'abbaye et la chapelle d'Henri VII à Westminster.

Espagne. De Burgos, de Seville.

Italie. De Sainte-Marie-des-Fleurs à Florence, de Milan, de Saint-François à Assises et à Pavie.

On dit que Saint-Germain-des-Prés était couvert de cuivre doré.

A la cathédrale d'Anvers, il y a trois ailes ou petites nefs de chaque côté de la grande nef. Il y en a deux à celles de Paris, de Troyes, de Burgos, etc.

Aux cathédrales de Chartres, de Beauvais, etc., il y a des bas-côtés aux transepts.

On remarque aux cathédrales de Paris, de Milan et à plusieurs autres grandes églises, des galeries au-dessus des petites nefs, ce qui donne à ces édifices une ressemblance de plus avec les basiliques antiques. La cathédrale d'Alby, qui a une seule nef, avec des chapelles, offre une galerie au-dessus de celles-ci.

La cathédrale de Salisbury, élevée en 1237, malgré ses douze portes, ses 365 fenêtres et ses 8,760 colonnes ou autant qu'il y a d'heures dans l'année, n'est pas d'un mérite supérieur aux plus belles cathédrales du continent, bien qu'elle soit la plus magnifique de l'Angleterre.

La rose de la cathédrale de Strasbourg a plus de 16 m. de diamètre.

Le chœur de la cathédrale de Cologne, qui est seul achevé, a 13 84 de largeur et 48 34 de hauteur. Les bas-côtés, qui sont doubles de chaque côté, ont à partir du milieu des piliers 8 11 de largeur. Autour du chœur sont des chapelles : il ne devait pas y en avoir à la nef. Le portail devait avoir 66 40 d'étendue et les tours 162 16 de hauteur.

Le clocher de la cathédrale de Beauvais était d'une hauteur considérable ; il s'est écroulé peu d'années après avoir été construit.

La flèche de la cathédrale d'Amiens, en pierres, sauf à l'extrémité, a été démolie pour être reconstruite en bois, parce que son poids était trop fort pour les quatre piliers du centre qui la supportaient.

Les églises de Worms, de Mayence, de Saint-Sebald de Nuremberg et de Nevers ont deux chœurs. L'entrée principale se trouve à l'un des transepts.

Un portique d'un genre singulier, soutenu par deux piliers, existe à la cathédrale de Montpellier.

Les jubés des cathédrales de Troyes et d'Alby, du 16me siècle, méritent d'être cités, ainsi que celui de Saint-Etienne-du-Mont.

La ville d'Everton, près de Liverpool, vient de faire construire une église ogivale entièrement en fonte de 38 67 sur 16 60. Le clocher qui sera séparé doit aussi être en fonte.

PRINCIPALES DIMENSIONS DE PLUSIEURS ÉGLISES.

Nota. — On observera que si l'on trouve dans quelques ouvrages une plus grande largeur des nefs, cette différence vient de ce qu'on a pris les mesures à partir du milieu des piliers.

	Hauteur de la nef.	Largeur de la nef.	Longueur totale de l'église.	Largeur.
Noyon	22 73	10 23		
Se-Marie-de-Fleurs.	39 »»	19 30	138 00	
Beauvais........	48 18	13 35	inachevé.	
Amiens........	35 10	11 70	134 80 dans l'œuvre.	
Cologne........	48 34	13 84	inachevé.	
Rheims........	38 33	13 28	138 94 hors d'œuvre.	
Chartres........	34 53	13 65	131 00 dans l'œuvre.	
Paris..........	33 80	12 97	126 75 hors d'œuvre.	
Rouen (cath.)....	27 30	09 44	135 34 hors d'œuvre.	
Metz..........	43 22	14 62	121 16 dans l'œuvre.	
Strasbourg.....	31 19	13 94	115 37 dans l'œuvre.	
Anvers........	27 30	10 00		

La hauteur de la coupole est de 43 87.

	Hauteur de la nef.	Largeur de la nef.	Longueur totale de l'église.	Largeur.
Orléans........	31 50	13 65	130 00	28 60
Soissons........	33 30	11 00	122 hors d'œuvre.	

S-Etienne de Vien.	27 00	11 00		
Cath. de Milan...	46 00	15 00		
St-Denis...... {	28 60 Le chœur. 29 57 La nef.	11 13 11 17	108 87 dans l'œuvre.	
St-Vulfran à Abb.	30 29	07 96		
Cath. de Meaux..	29 00	11 77	084 35 hors d'œuvre.	
St–Riquier......	26 00	13 00		
Cath. de Bourges.	27 50	13 00	116 00	41 00
Bordeaux.......	27 00	18 00	140 00	

La nef seulement.

S-Nazaire de Carc.	20 50		050 00	16 50
S-Jean de Perpign.	27 27	19 50	077 90	
C. de Montpellier.	13 64		055 00	14 95
Cath. d'Alby....	30 00	19 50	107 25	29 50
Elle a 27 chapelles.				hors d'œuvre.
Cath. de Digne...	17 00	08 50	050 00	

Dans l'œuvre.

Ces quatre dernières églises n'ont qu'une seule nef.

Nota. — La hauteur de Saint-Pierre de Rome, qui n'appartient pas comme on sait au style ogival, est de 46 80 et sa largeur 25 m. sauf près de la coupole, où elle n'est que de 23 m.)

TOURS.

L'église de Gelnhausen a une tour au centre du portail comme les églises de Freyberg et de Saint-

Riquier. Les portails de Rheims, de Paris, d'Amiens, de Strasbourg, de Bayeux, d'Abbeville sont peut-être les plus beaux, les deux premiers surtout.

HAUTEUR DES PRINCIPALES TOURS.

Cathédrale de Paris....	65		mètres.
—	d'Amiens....	68	19
—	de Rheims...	82	40
—	d'Orléans...	78	65
—	de Bourges..	64	78 (la tour neuve).
—	d'Utrech....	115	60 ⎫ selon M. Hoppe.
—	de S°-Gudule.	109	20 ⎭

HAUTEUR DES PRINCIPALES FLÈCHES.

Strasbourg.............	142	mètres.
Saint-Etienne de Vienne..	138	
Anvers.................	130	50
Saint-Michel de Hambourg.	130	
Amiens, moins de	130	
Rouen (neuve et en fonte).	148	20 ⎱ Par M. Alavoine, 27 c. de plus que la plus haute pyramide de l'Egypte.
Metz...................	121	
Saint-Pierre de Hambourg.	119	
Chartres (la vieille).......	111	
Milan..................	109	
Saint-Denis	105	50
Malines	103	60 ⎱ Selon M. Hoppe, 114 selon Durand.
Thann.................	93	

Tours. . . . . 45 ⎫
Bordeaux. . . . . ⎬ 85
Flèches . . . . . 40 ⎭

On peut encore citer les flèches de Senlis, de Francfort, de Fribourg, en Suisse, de Burgos, de Salisbury.

Le clocher de Chartres est peut-être le plus élégant; celui de Saint-Etienne de Vienne est sans grâce.

Le clocher de Leictoure a un escalier à l'extérieur; à celui de Strasbourg, il existe un escalier en spirale autour de chacune des petites tours placées à chaque angle; celui de la cathédrale de Studgard est aussi à l'extérieur ainsi que celui de Saint-Kilien à Heilbrou, qui est soutenu par des colonnes.

Baptistères. Celui de Pistoie, de forme octogone, commencé en 1339, et celui de Bergame dans le style de transition méritent d'être mentionnés.

Cloîtres. Celui de Valmague près de Montpellier est assez élégant. Les cloîtres ont une forme quadrangulaire comme les maisons des anciens; une cour entourée de portiques est au centre.

Salles. La salle du réfectoire de l'abbaye de Saint-Martin-des-Champs est large de 9ᵐ 75, la voûte est soutenue par une rangée de colonnes de 8 à 9 m. de hauteur et 0,30 de diamètre et espacées entre elles d'environ 5 m. Elles sont placées dans le milieu de la salle. La voûte de la salle du chapitre de Noyon, qui a 24 m. de longueur sur 12 de largueur, est soutenue par quatre colonnes légères qui partagent cette salle en deux travées; celle octogne du chapitre de l'église de Salisbury, d'un diamètre de 17 67, présente au centre uue colonne dont l'extrémité supérieure se ramifie vers tous les points de la circonférence. On remarque, au palais-de justice de Rouen, une salle de 52 m. de longueur, sur 16 22 de largeur, bâtie à la fin du 15me siècle.

Hôtels-de-Ville. Je citerai ceux d'Arras et de Saint-Quentin, de Brême (1405).

Beffrois. Les plus remarquables sont ceux de Douai, de Bruxelles, de Louvain (1448 à 1463). La tour de la halle de Bruges a 87 m. d'élévation.

Donjons, Châteaux. Le château de la Malabide, en Irlande, dont les murailles sont flanquées de tours crénelées, est du 13me siècle ou même du 12me. Le beau donjon cylindrique de Coucy a 65 m. de hauteur et 99 12 de circonférence. Les tours du château de Pierrefont, la merveille du temps, ont 35 10 de hauteur, non compris le toit. Les châteux de Vigny et d'O près de Seez (Orne), sont aussi à citer ainsi que ceux de Chaumont sur la Loire, d'Ussé, de la Rochefoucaud.

La tour adossée au donjon de Falaise, construite par Talbot, de 1418 à 1450, a 36 07 de hauteur.

Escaliers. Au château d'Amboise, un escalier

de 48 72 de hauteur peut être monté par une voiture attelée de six chevaux; il y en a aussi un de ce genre au palais épiscopal de Meaux.

L'escalier en spirale fut en usage pendant le moyen-âge et toujours placé en dehors des édifices, ceux à rampes droites ne commencèrent à paraître que sous le règne de Louis XII.

ARCHITECTES CÉLÈBRES.

Gundulph, au 11mo siècle, moine, puis évêque, contribua à augmenter la force et les embellissements des châteaux forts, en Angleterre.

Le seigneur de Bellême, vers la fin du 11mo siècle et au commencement du 12me, construisit beaucoup de châteaux forts en Normandie.

Hardoin commença l'église de Sainte-Petronne, à Bologne, au 13me siècle. Robert de Concy ou Covey, mort en 1311, fit le chœur, les chapelles qui l'entourent et les transepts de Saint-Nicaise, de Rheims. Libergier, mort en 1263, avait construit le portail, les tours, la nef et les bas-côtés. Cette église a été démolie en 1796. Robert de Concy acheva la cathédrale de la même ville, que Libergier avait commencée. Cependant les tours n'ont été terminées qu'en 1472.

Robert de Luzarche commença, en 1220, à bâtir la cathédrale d'Amiens, achevée par Thomas de Cormont et Renault son fils. Pierre de Montereau, mort en 1266, est l'auteur du réfectoire de l'abbaye de Saint-Martin-des-Champs, de la Sainte-Chapelle et de la chapelle de Vincennes.

Eudes de Montreuil, qui alla avec Saint-Louis en Orient, mourut en 1289. Il bâtit le chœur de la cathédrale de Beauvais. Enguerrand-le-Riche, en 1338, acheva de rétablir la voûte qui s'était écroulée, puis Martin Chambiges ou Chambiche et Jean Vast achevèrent ce qui existe. Eudes de Montreuil construisit aussi l'église de Mantes et Chambiges la tour de la cathédrale de Troyes.

Erwin de Steinbach, architecte de la cathédrale de Strasbourg ou du moins des tours, mourut en 1235. Jean, son fils, puis Jean Hultz, de Cologne, achevèrent cet édifice.

Jean éleva la cathédrale d'Utrech au 13mo siècle.

Jean de Chelles termina la cathédrale de Paris, par la construction du portail méridional, en 1275. Il paraît cependant qu'elle ne le fut complètement que par Jean Ravy, en 1351.

Bonœil, employé par Jean de Chelles à Notre-Dame-de-Paris, éleva la cathédrale d'Upsal, en 1258.

Hilduart bâtit la cathédrale de Chartres.

Ingelrand, celle de Rouen.

Jean Deschamps, celle de Clermont, en Auvergne.

Jean Amels, de Boulogne, et Jean Appelman, d'Anvers, bâtirent la tour de la cathédrale d'Anvers.

Gérard acheva le chœur de la cathédrale de Cologne, au 13me siècle.

Wicham, né en 1324, bâtit Windsor où la plupart des fenêtres ne sont pas en ogive, et la belle cathédrale détruite par le feu en 1622.

Jean Bonaventure, de Paris, commença la cathédrale de Milan, et non Henri de Germünden, appelé par quelques uns Gamodia ou Zomodia, mais ce dernier y travailla, puis Jean de Gratz et un architecte de Strasbourg. D'autres, mais avec moins de fondement, attribuent le plan de cette église à un nommé Caporale.

Vers ce temps, Jean Mignot et Jean Compomosia, de Paris, allèrent travailler en Italie.

Georges Hauser commença la cathédrale de Vienne, en Autriche, continuée, on le croit, sur ses dessins.

Mathieu d'Arras donna au 14me siècle le plan de Saint-Vied, à Prague, continué par Pierre Arler, de Boulogne-sur-Mer.

Henri Arler, père du précédent, fit le plan de la cathédrale d'Ulm.

Jean Texier fut l'architecte du clocher de Chartres, le moins ancien.

Jacques Damange, en 1480, raccorda les parties anciennes de la cathédrale de Metz et les collatéraux avec le reste.

Alexandre de Berneval est un des architectes de Saint-Ouen, de Rouen, au 15me siècle.

Jacquemin bâtit au 15me siècle l'église de Toul.

Jean Langlais bâtit l'église de Saint-Urbain, à Troyes.

Roger Angot commença le palais de justice de Rouen vers la fin du 15me siècle.

Remi Walch construisit la flèche de Thann, au 16me siècle.

Robert Becquet éleva la flèche de la cathédrale de Rouen, de 1542 à 1544.

Jean Gualdo ou Gaylde, bâtit le jubé de l'église de la Madeleine de Troyes, au 16me siècle.

Guillaume Bellevoisin, le plus célèbre architecte du temps, éleva en 1538 la tour neuve de Bourges.

Au 18me siècle, Gabriel termina les tours de la cathédrale d'Orléans.

Giovani, de Badajoz, acheva au 16me siècle la cathédrale de Burgos, commencée en 1221.

Aux architectes que je viens de nommer, il faut ajouter ceux qui ont employé l'ogive, quoique sous l'influence pour les proportions et l'ornementation des édifices de l'art antique. Tels sont Arnolpho di Iapo 1230—1300, Jean de Pise, mort en 1210, Giotto 1263 ou 1276-1336.

CHAPITRE DEUXIÈME.

DES MOTIFS POUR L'APPLICATION DE L'ARCHITECTURE
GRECQUE AUX EGLISES.

Vers la fin du 18me siècle, des voyageurs instruits
et des artistes visitèrent la Grèce et nous firent
connaître les monuments qui existaient encore
dans ce pays où les arts brillèrent jadis avec tant
d'éclat. Il en résulta une plus grande admiration
pour l'architecture grecque et une appréciation
injuste de celle du moyen âge. A cette époque
et au commencement de ce siècle, le moindre
débris de l'antiquité grecque ou romaine était
recueilli avec une vive joie, tandis que les productions des arts du moyen âge étaient dédaignées.
C'est le contraire maintenant, l'admiration ar-
dente, enthousiaste des amateurs a changé d'objet. La passion sous un rapport est très utile,
il faut en convenir, elle contribue puissamment
à multiplier les recherches et à les rendre
fructueuses. Partagé aussi par des hommes instruits, mais avec modération, le goût pour
l'architecture du moyen âge, s'il se refroidit

peu, s'épure du moins depuis quelques années et n'est plus aussi exclusif. Cependant bien des personnes pensent encore que les églises doivent être du seul domaine de l'architecture ogivale. Examinons si cette opinion est réellement fondée.

Les églises sont des édifices dont on ne trouve pas d'analogues chez les anciens, car le temple grec était la demeure du Dieu, une nombreuse assemblée ne devait pas y être contenue comme dans le temple chrétien ou l'église. Il ne faut donc pas bâtir un temple grec et dire voilà une église; ce serait absurde. Mais se pénétrant des principes, des règles qui découlent de la cabane, type de l'architecture grecque, en faire l'application en choisissant la forme la plus convenable.

Lorsque le besoin de bâtir des églises se fit sentir, on imita, comme je l'ai dit plus haut, la disposition des basiliques, moins éloignée de celle qu'on recherchait, et le nom même de ces édifices leur fut donné. Mais la décadence des arts était telle qu'on ne sut pas donner aux premières églises des frontispices ou portails un peu dignes d'elles. Il faut dire qu'on y songea peu, préoccupé seulement qu'on était d'avoir un vaste local. Sans élégance dans les édifices de cette époque, assez insignifiant dans la plupart des églises romane, byzantine et ogivale, ils se distinguèrent seulement dans quelques unes, appartenant principalement à ces dernières, par leur hauteur et la profusion des ornements.

Après le règne de l'architecture dite gothique, on essaya d'embellir les portails et d'en faire comme dans celle-ci une des parties principales, celle qui devait d'abord frapper les yeux par son aspect imposant. Mais il y avait une difficulté ; elle consistait à accorder l'élévation des nefs avec celle des frontispices, en se conformant aux règles de l'art grec.

Il y a lieu de remarquer que l'on avait élevé dans toute l'Europe plus de cent mille églises du genre dit gothique, que les villes surtout en étaient pourvues, que par conséquent les architectes d'alors avaient eu de nombreuses occasions d'employer leurs talents, que d'ailleurs l'absence des proportions relatives rendait extrêmement faciles toutes les combinaisons, et que cependant peu de ces édifices sont vraiment recommandables, la plupart étant lourds, ou ayant des nefs élevées mais d'une étroitesse choquante, ou n'offrant qu'une seule partie de l'édifice méritant l'attention.

Les architectes après la Renaissance, au contraire, eurent peu d'églises à bâtir, excepté en Italie, et bien qu'ils n'eussent sous les yeux que des monuments dûs aux Romains, ceux de la Grèce, généralement beaucoup plus purs, étant encore inconnus, et qu'à cette époque de rénovation, pénétrés d'admiration et de respect pour ces monuments, ils songèrent plutôt à les copier, à en employer les membres qu'à rechercher les principes de l'architecture antique ; qu'enfin, il leur fut seulement possible de tâtonner, pour ainsi dire, pour trouver une disposition convenable, ils élevèrent cependant plusieurs édifices magnifiques, parmi lesquels je citerai la coupole de Sainte-Marie-des-Fleurs à Florence, celle de Saint-Pierre à Rome, et même la nef de cette dernière église. Pour bien apprécier cette nef, il faut, comme l'observe judicieusement Quatremère de Quincy, l'isoler du reste de l'édifice, de manière que celui-ci forme alors une croix grecque avec le dôme au centre, disposition conçue par Michel-Ange. L'allongement de la nef, par Ch. Maderne, a réellement rompu l'unité et nui au monument en le faisant paraître moins grand à l'intérieur qu'il ne l'est en réalité, apparence que concourent à lui donner les proportions colossales des statues, des lettres des inscriptions qui ont jusqu'à deux mètres de hauteur. L'intérieur de l'Annonciade à Gênes et de l'église des jésuites à Rome offrent aussi de grandes beautés.

Plus tard, le dédain du gothique contribua encore à empêcher quelques architectes de tenir davantage à donner plus d'élévation relative aux voûtes des nefs et des frontispices. Ils se contentaient de répondre aux critiques par des exemples qu'ils tiraient des édifices romains, exemples fort peu concluants dans ce cas, parce qu'ils n'étaient pas applicables. Ils avaient cependant de la peine à se soustraire à l'influence des constructions du moyen âge et à arriver à la pureté de l'antique. On peut suivre leur marche lente dans les églises de Saint-Eustache, de Saint-Roch, de Saint-Sulpice, de Saint-Philippe du Roule, de Sainte-Geneviève ou le Panthéon, dont l'intérieur brille par le grandiose, la noble simplicité et l'élégance, de Saint-Denis, rue Saint-Louis-au-Marais.

Quoi qu'il en soit, on pourrait mentionner plusieurs œuvres très estimables, telles que la vaste nef de Saint-Sulpice, l'église de Saint-Denis, rue Saint-Louis, de moyenne grandeur, l'église de Saint-Vincent-de-Paul, la magnifique nef de la Madeleine (1) et la jolie petite chapelle Beaujon, en la débarrassant des constructions informes qu'on y a ajoutées postérieurement, tous édifices situés à Paris.

Quant aux portails, Palladio, cet architecte instruit et plein de goût, réussit mieux que les autres. Il voulut que la disposition de cette partie

(1) Il ne faut pas perdre de vue que la Madeleine est un temple à la gloire, dont on a fait une église afin de rendre cet édifice utile, et que, par suite de cette considération, il n'y a pas lieu d'attribuer sa mauvaise disposition à l'emploi de l'architecture grecque.

fit connaître la distribution intérieure, il mit un grand ordre avec un fronton à la grande nef et deux demi-frontons aux bas-côtés. Telles sont les façades de Saint-George-Majeur et de Saint-François-de-la-Vigne, à Venise, où l'on ne saurait reprocher que l'emploi de piédestaux qui supportent les colonnes, car ils forment une seconde base, par conséquent ils sont un pléonasme. On n'en voit pas aux édifices antiques de la Grèce, ni même à ceux de Rome dans les temps où l'architecture n'avait pas encore dégénéré. Palladio réussit ainsi. Il entrait dans l'esprit des anciens qui, s'ils avaient eu des églises à bâtir, auraient certainement trouvé le moyen d'appliquer leur système d'architecture à ce genre d'édifice. Mais il faut en convenir, jusqu'à présent on ne peut citer dans le style grec que peu de frontispices et de nefs dont les proportions soient assez satisfaisantes. Le petit portail de Saint-Charles, à Rome, in corso della nazione lombarda, est remarquable par sa disposition générale. On regrette qu'il y ait deux étages d'ouverture et des ressauts à l'entablement; c'est une bonne idée qui a été gâtée.

La difficulté consiste, comme je viens de le dire, à coordonner une façade régulière et où rien ne soit disproportionné, avec une grande hauteur de la nef principale, double, en général, des petites, en élévation. La cérémonie de la bénédiction donnée par le pontife, d'une *loggia*, engagea à élever deux portiques, l'un sur l'autre à quelques églises, comme au portail de Saint-Jean de Latran, à Rome. Cette disposition nécessitée par un besoin du service ne peut être blâmée, pourvu que la loggia ait seulement l'apparence de ce qu'elle est et non celle d'un étage; elle est tout-à-fait conforme aux principes. Alors tombe entièrement le reproche adressé à l'architecture grecque par quelques personnes qui la jugent, non d'après ses principes, mais sur des édifices où ils sont enfreints, lorsqu'elles disent qu'on ne distingue pas la façade d'une église de celle d'un théâtre où plusieurs étages doivent être indiqués. Le reproche de monotonie n'est pas plus fondé, car l'architecture grecque permet même plus de diversité que l'ogivale pour les églises.

On voit des péristyles en colonnes isolées décorer assez heureusement le portail de petites églises, tels que ceux de l'Assomption et de Saint-Denis, rue Saint-Louis à Paris, et des Carmélites à Saint-Denis. Celui de Notre-Dame-de-Lorette est parfaitement disposé, d'un style très élégant; mais on regrette, pour les bas-côtés, l'absence de demi-frontons mal remplacés par une simple muraille terminée horizontalement. Nous avons encore à Paris Sainte-Geneviève, actuellement le Panthéon, et la Madeleine; mais quel que soit le mérite incontestable des portails de ces deux édifices, la grande largeur proportionnellement à la hauteur, donne un aspect un peu écrasé pour les yeux accoutumés à l'élévation excessive de la plupart des grands édifices dits gothiques. Il en aurait été autrement s'il n'y avait eu que quatre ou six colonnes. A Londres, les petites églises de Saint-Georges de Blomsbury et de Saint-Martin-des-Champs offrent des façades assez bien disposées. Une tour unique ou deux tours à une distance convenable l'une de l'autre procureraient aussi, pourvu qu'elles fussent bien proportionnées, un frontispice susceptible d'être approuvé par le goût le plus sévère. A Saint-Sulpice, la galerie qui joint les tours est trop grande; elle annonce un édifice à plusieurs étages, ce qui est une faute. La tour élevée par Chalgrin, malgré les frontons d'un des étages, est fort belle, d'un style fort riche. Il y a du fracas dans la composition de ce portail et pas assez de simplicité, de gravité. On ne peut néanmoins méconnaître les qualités de cette œuvre, mais on voit que l'auteur était surtout décorateur. A Saint-Vincent-de-Paul, la disposition du portail est meilleure, mais on regrette que le dernier étage des tours soit d'une trop petite dimension relativement à l'inférieur, cependant, vues de côté, ces tours font un bel effet.

La difficulté qu'on trouve à donner beaucoup d'élévation aux portiques ou portails des grandes églises, consiste dans la poussée surtout plus forte à une hauteur considérable, car elle augmente avec l'élévation dans une proportion géométrique. Mais on la surmonterait facilement sans employer des armatures compliquées, en donnant peu de largeur aux portiques ou en établissant deux rangs de colonnes parallèles. Les portiques joignent l'utilité à l'agrément, car ils offrent un abri lors de l'entrée et de la sortie. On aurait alors de magnifiques façades et on montrerait la manière d'imiter les anciens en travaillant dans l'esprit qui a présidé à leurs constructions et comment il faut être imitateur intelligent et non copiste servile.

On a dit avec raison de l'architecture, comme des autres arts, qu'elle est l'expression de la société. Or, quel était l'état de la société à l'époque la plus brillante de l'architecture ogivale? La barbarie, le désordre, l'anarchie dans le gouvernement, nulle culture des lettres, l'abrutissement du peuple. Dans les cent mille églises qui furent construites au moyen âge, on en rencontre quelques unes, qui par l'étendue, l'ensemble des parties, l'unité, annoncent une grande habileté, du génie même. Mais toutes présentent la profusion extrême des décorations en sculpture aux portails. Cette confuse richesse montre la prodigalité du temps employé, la patience des ouvriers, ce qui passe pour la beauté auprès des personnes étrangères à la connaissance des beaux arts. Admirant ce qui étonne, elles trouvent aussi à satisfaire leur goût dans la hardiesse, la grande élévation des voûtes dont les soutiens dissimulés se voient à l'extérieur , et que les clochetons dont on a voulu les décorer, et qui concourent eux-mêmes à augmenter la force de ceux-ci, n'empêchent pas l'édifice de paraître étayé de toutes parts ; défaut surtout sensible à Notre-Dame de Paris , à la cathédrale de Beauvais, etc. D'après le plan originaire, la cathédrale d'Amiens, la plus belle peut-être du genre ogival, n'était pas disposée pour avoir des chapelles de chaque côté de la nef ; il en devait être presque de même de celle de Cologne dont on se proposait de faire le chef-d'œuvre du genre. Quelle étroitesse à l'extérieur l'édifice aurait alors paru avoir ! Combien les arcs-boutants et les clochetons du premier de ces édifices, malgré l'habileté extrême avec laquelle ils sont disposés, auraient semblé saillants et n'être que de véritables appuis ! On sait que la solidité des églises ogivales n'a pas été générale. On a été forcé de reconstruire des clochers, des nefs même. La flèche de Beauvais n'a duré que peu d'années ; les bas-côtés se sont affaissés vers l'extrémité du chœur et sont maintenus par des liens de fer. La voûte du chœur même s'est écroulée en 1284, peu de temps après sa construction, et a été refaite en 1324. La flèche de la cathédrale d'Amiens, bâtie en pierres, a été démolie parce que son poids ne pouvait être supporté par les piliers qui commençaient à plier.

Les constructeurs du moyen âge ont donc voulu, par l'emploi de l'ogive, étonner, éblouir. Leurs plus beaux édifices manquent de locaux pour les besoins du culte, je veux dire de sacristies. Il a fallu élever de petits bâtiments, tout contre les églises, qui masquaient celles-ci en partie, parfois de la manière la plus désagréable à la vue.

Les constructeurs du moyen âge n'ont pas toujours eu la pensée que leur prêtent quelques uns de leurs ardents partisans, de présenter sous toutes les formes et au moyen du système de décoration qu'ils ont choisi, le symbole du christianisme. Il n'y a pas de symbolisme, lorsque les cathédrales, ce qui se voit à quelques unes, ont cinq nefs au lieu de trois. Quant aux ornements, comme les trèfles, etc., nul doute qu'ils ne puissent avoir un sens symbolique, mais ils appartiennent à la décoration et non aux formes, aux dispositions architecturales; ils pourraient être également admis dans les ornements de l'architecture grecque aux frises, etc., les frontons pourraient être décorés de sculptures ainsi que les murailles, non seulement du frontispice, mais des côtés, tout-à-fait nus, sauf aux transepts, dans les églises ogivales, ce qui forme un contraste avec la multiplicité des ornements des portails. Je ne m'arrêterai pas aux symboles qu'on croit trouver, savoir, dans les chapelles autour du chœur, comme souvenir de la couronne de J.-C., symbolisme qui a cessé d'exister lorsqu'on a garni de chapelles les bas-côtés des nefs ; dans les deux tours, la représentation du pouvoir spirituel et du pouvoir temporel, dans la forme de croix de l'édifice, etc., etc., parce que les principes de l'architecture grecque ne repoussent pas ces dispositions. Il n'en est pas de même de la déviation du vaisseau du côté du chœur qui existe à quelques églises et qu'on dit avoir été établie dans le dessein de rappeler la tête penchée J.-C. en expirant ; car, pour s'en apercevoir, il faut monter sur le toit ou sur les tours ou dans le clocher. Ce serait un symbole fort peu sensible et tout-à-fait puéril. A Saint-Riquier et à quelques autres églises, les bas-côtés ont une dimension moindre de moitié de la nef principale, ce qui fait produire aux cintres un triangle équilatéral. Eh bien ! cette disposition toute simple et qui peut être, qui doit même être adoptée dans les églises du style grec, comme offrant les proportions les plus convenables des nefs entre elles, cette disposition est considérée comme symbolique !

Qui empêcherait de décorer les frontispices

de sculptures représentant des sujets religieux, et d'employer, comme les architectes du moyen âge, les plantes du pays dans l'ornementation? Pourquoi ne ferait-on pas usage des vitraux peints, qui, comme on en a déjà quelques exemples, l'emporteraient facilement, sous le rapport de la composition et du dessin, sur ceux du 13me siècle, qui n'ont de mérite que l'éclat des couleurs et d'offrir un intérêt archéologique religieux, car, au moyen âge, dans l'architecture des édifices publics et privés, dans la sculpture et la peinture, dans les habillements, tout est raide, tout est sec.

La dénomination d'architecture chrétienne n'est pas plus exacte que celle de gothique. Sous ce dernier nom, on comprenait les architectures byzantines, romanes et ogivales, tandis que celle-ci est la seule qu'en général, du moins, on regarde comme devant s'appeler chrétienne ou mystique. Les dimensions ordinairement peu considérables des églises byzantines et romanes, leurs formes peu ou plutôt nullement élancées ne permettent guère, en effet, si l'on veut être conséquent, de les ranger parmi celles dont on prétend que les formes élancées sont le symbole du christianisme, représentent l'élan des fidèles vers le ciel. Comme l'a dit M. Rigollot (*Rapp. sur le concours pour le prix à décerner en 1842 par la Soc. des ant. de*

Picardie), la religion ne fleurissait pas moins au midi de la Loire et à l'orient, où n'existent pas de grandes églises ogivales, que dans le nord et dans l'ouest. Il n'y aurait donc que dans ces dernières régions et à dater seulement du 13ᵐᵉ siècle des églises chrétiennes; Rome, le centre de la chrétienté, n'aurait qu'une petite église, et ce serait bien mal à propos qu'on aurait dit que l'église et le dôme de Saint-Pierre, par leur élévation, par leur masse imposante et leur aspect grandiose commandent *urbi et orbi*, ne sauraient laisser froids les chrétiens et parlent à leurs sentiments, cet avantage appartenant seulement à ces « cathédrales (ogivales, bâties par la foi, qui s'élèvent comme des aspirations, comme des prières. » (M. de Montalembert), *Vie de Sainte - Elizabeth*). M. l'abbé Pascal a publié dans le journal *la Voix de la Vérité*, en 1846, un article plein de sens sur l'engouement pour le style du moyen âge, dans lequel on trouverait aussi la réponse à ces assertions. On pourrait également y renvoyer un architecte de nos jours (M. Violet-Leduc) partisan du style ogival, qui a été jusqu'à dire (dans une réponse fort insuffisante à un article très judicieux de M. Raoul Rochette, inséré dans *le Moniteur des Arts*), en paraissant trouver cette opinion très naturelle, que bien des gens ne se croiraient pas aussi bien baptisés et mariés s'ils l'avaient été dans une église de style grec. Cependant, on est surpris de trouver dans le même mémoire cette assertion que si nous devons préférer le style ogival comme national, quoiqu'on puisse le considérer aussi comme tel pour la Belgique, l'Allemagne, l'Angleterre, de même les Italiens ont bien fait de ne pas l'admettre, parce qu'eux aussi ont une architecture nationale, bien qu'elle soit différente.

M. Vitet semble partager cette opinion lorsqu'il dit que Bruneleschi, en donnant un système d'architecture à l'Italie, accomplissait une œuvre nécessaire ; de pareils principes ne me paraissent pas admissibles, car ce serait renverser toutes les notions d'esthétique, reconnaître que le beau est variable et qu'il n'a d'autre fondement que les circonstances, le degré de civilisation qui font adopter certaines dispositions plutôt que d'autres. Ainsi les Européens qui se sont établis dans les autres parties du monde peuvent préférer le genre d'architecture qui leur plaira. Cependant, ils ne devraient pas adopter pour la zône torride et même pour une parties des zônes tempérées, le style ogival qu'on déclare convenable pour les climats froids.

Mais on n'est pas même d'accord sur ce que c'est que l'architecture chrétienne. « Tout le monde (M. Rigollot, *Essai hist. sur les arts du dessin en Picardie depuis l'époque romaine jus-*

qu'au **14**me *siècle, Mém. des ant. de Picardie, t.* **3, p. 286**) parle de *l'art chrétien,* et chacun le définit à sa manière. Les uns le voient dans l'architecture romane des 11me et 12me siècles, d'autres ne le trouvent que dans les églises du style ogival des 13me et 14me siècles. M. Rio ne le reconnaît que dans l'école mystique de peinture qui se forma au 15me siècle dans l'Ombrie, et qu'il nomme *peruginesque*, de la ville de Pérouse qui en fut le centre, en excluant Raphaël dès qu'il composa ses chefs-d'œuvres; quelques uns ne l'aperçoivent que dans les productions des maîtres flamands du même temps et dans celles de quelques peintres espagnols du 16me siècle. M. Mazure ne voit l'art chrétien que dans les œuvres de l'école byzantine, qui selon lui se forma sous l'inspiration du laid : « Tot capita, tot sensus. » Du Sommerard pense qu'il date de la construction des premiers édifices consacrés au culte chrétien sous Constantin.

Si les églises ogivales font sur quelques personnes une impression religieuse, la cause en est dans l'habitude, prise dès l'enfance, des formes de ces édifices et qui semblent en quelque sorte inséparables de l'idée même du christianisme. C'est aussi la pensée de l'ancienneté de l'édifice, pensée qui nous rappelle la succession des siècles, l'éternité de l'Etre Suprême et la courte durée de notre existence. Mais à plus forte raison cette impression est plus profonde à l'aspect d'une église romane ou byzantine, et bien plus encore à celui de ces églises bâties sous Constantin, à l'imitation des basiliques romaines, longtemps avant qu'il fût question des églises dites gothiques, parce que l'esprit se trouve reporté jusqu'à l'établissement du christianisme. On convient, du moins quelques partisans du style ogival, que les basiliques chrétiennes les plus anciennes sont dignes de servir au culte quoique n'offrant pas, il s'en faut de beaucoup, les formes élancées de l'architecture ogivale. Avec d'autres, M. Botissier (*Elém. d'Arch. p.* 505) préfère même, comme « ayant bien mieux conservé l'esprit mystérieux et les symboles de la primitive église, » les grandes églises romanes dont le jour sombre porte plus au recueillement que les vastes cathédrales ogivales où des flots de lumière inondent le chœur. M. Jh. Bard, auteur du Manuel d'Archéologie sacrée burgundo-lyonnaise, tout en aimant beaucoup le style ogival, préfère le romano-byzantin. M. Vitet remarque avec raison (*Etudes sur les Beaux Arts*, t. 2, *p.* 298) qu'il est possible de construire, en plein cintre, des églises avec des nefs aussi élevées que celles de beaucoup de grandes églises ogivales du 13ᵐᵉ siècle, et il cite à l'appui de cette assertion les cathédrales de Mayence, de Worms et de Spire, et il aurait pu ajouter Saint-Eustache à Paris. On ne saurait donc dire avec raison que les églises ogivales seules sont salubres, leur élévation empêchant que l'air ne soit vicié par une réunion nombreuse, ni que cette élévation ait aussi pour but d'établir un contraste avec la petitesse de l'homme et de rabaisser son orgueil, choses auxquelles les architectes du 13me siècle n'ont certainement pas pensé. Il ne faut pas non plus perdre de vue que l'ogive est souvent difficile à distinguer du plein cintre, aux voûtes des nefs de nos grandes cathédrales du 13me siècle; qu'ainsi la différence de la poussée doit être insignifiante et que rien n'empêcherait par conséquent d'adopter les voûtes croisées sans ogives. L'ogive est seulement plus élancée aux fenêtres et aux portes; elle est alors très différente du plein cintre.

Les églises romanes sont, selon M. Hoppe, un perfectionnement entre les églises grecques et latines pour la disposition et pour le plan. Mais ces édifices ne sont-ils pas les premiers et imparfaits essais de l'art grec appliqué aux églises? Il ne nous reste qu'à les continuer pour arriver à la perfection. M. Léon Vaudoyer (*Patria*) est d'avis que l'église romane du 12me siècle peut être considérée comme l'expression la plus noble, la plus simple et la plus sévère du temple chrétien. Il est certain que pour les voûtes ogivales qui n'ont pas trois ou près de quatre fois leur largeur en hauteur, presque toutes les personnes qui les admirent les trouveraient aussi belles si elles étaient en plein cintre.

M. Dalmière, curé du Pont-Saint-Esprit, n'est pas disposé à blâmer (*Itinéraire du Voyageur catholique à Rome, p.* 194) le système décoratif des églises de l'Italie. « Le genre des églises italiennes, dit-il, se rapproche (pour la décoration) plus que tout autre, de celui des églises bâties aussitôt après le triomphe du christianisme. Celles-ci étaient riches, brillantes, couvertes partout d'ornements somptueux et variés. » D'ailleurs, la magnificence de ces édifices n'est-elle pas en harmonie, en rapport avec l'éclat, la chaleur du ciel pur du midi, la vivacité de l'imagination et le langage musical des habitants? Les marbres précieux et la mosaïque ornèrent à l'intérieur et même à l'extérieur, aux portails des façades et des transepts, les églises romanes et ogivales. Des couleurs vives et la dorure couvraient les colonnes, les bas-reliefs, les statues et les surfaces planes. Plusieurs passages d'auteurs du moyen âge faisaient penser qu'il en était ainsi, mais un examen attentif des monuments et l'enlèvement du badigeonnage et même parfois d'une couche de mortier en donnent tous les jours des preuves. La pauvreté des fidèles et le malheur des temps ont seuls empêché les travaux d'ornementation d'avoir lieu ou d'être achevés. On n'est donc pas fondé à blâmer, comme tout-à-fait profane, le luxe des églises de l'Italie et de celles qu'à leur imitation on a décorées à Paris depuis quelque temps, lorsqu'on regarde l'architecture du moyen âge comme offrant les meilleurs modèles à suivre. Mais quoi qu'on puisse dire que c'est dans les temples élevés en l'honneur de la Divinité que doit se trouver surtout la réunion des matières les plus précieuses et de la perfection de la forme, et cette opinion est universellement reçue, car, qui n'a pas loué la richesse prodiguée à la décoration du temple de Salomon? Cependant, le nombre excessif des tableaux, et la multiplicité des parties de l'édifice peintes et dorées, n'en est pas moins un défaut de goût puisqu'il en résulte de la confusion. La richesse de l'ornementation ne saurait être d'ailleurs approuvée qu'autant qu'elle serait en rapport avec la destination de l'édifice, c'est-à-dire qu'un caractère de sévérité dominera lorsqu'il s'agira d'une église.

On a dit que la beauté païenne n'était pas la beauté chrétienne, que la statuaire grecque produit seulement le sentiment du beau physique

(on oublie que c'est l'intelligence qui domine,
qui règne même seule dans l'Apollon du belvé-
dère, comme dans les plus belles statues antiques)
« c'est un fait curieux, disait, il y a peu de temps,
un excellent appréciateur des arts, (M. Delécluze,
Journal des Débats), que cette antiquité païenne, à
la face de laquelle on rejette toujours son sensua-
lisme, ait habituellement montré dans sa sculpture
des êtres humains dominant par force d'âme la
violence de leurs passions et de leurs souffrances. »
On prétend encore que la statuaire chrétienne ou du
moyen âge produit le sentiment du beau physique et du beau moral, et plutôt ce dernier
que le premier. Suivant cette opinion, les chefs-
d'œuvre de la peinture des 15me et 16me siècles
sont impropres à décorer convenablement une
église. Le Perugin et même Jean de Fiesole
trouvent à peine grâce et sont préférés de beaucoup à Raphaël ; toute œuvre de sculpture
gothique l'emporte sur les œuvres de Phidïas.
Comme si les formes les plus belles n'étaient
pas les seules qui pûssent offrir en même temps
la plus haute expression de moralité, c'est-à-
dire les sentiments les plus divins. Il faudrait
donc enlever aux églises les plus belles vierges
de Raphaël, ses admirables saintes familles.
M. Ch. Lenormand, tout partisan qu'il est
des œuvres du moyen âge ayant une destination religieuse, est loin d'être aussi exclusif.

Voici comment s'exprime ce savant: « si pendant le moyen âge, ce qu'on a appelé l'*art chré-tien*, et que nous nommerons tout simplement l'*art des chrétiens*, a trop souvent méconnu les conditions de la beauté de la forme, toute-fois, on ne peut dire que l'influence grecque ait jamais complètement cessé, et c'est aujour-d'hui un fait établi, qu'à toutes les époques du christianisme, un penchant vers la beauté de l'art dirigé et entretenu par la présence des monuments antiques, s'est manifesté dans tous les lieux où cette influence pouvait exister. Aux 15me et 16me siècles, le beau grec a prétendu refleurir pour son propre compte, mais le catholicisme, quoiqu'on en ait dit, a complète-ment résisté, et Raphaël, en faisant de la plus haute beauté grecque l'expression des vertus chrétiennes les plus pures, a résolu pleinement un problème qu'on n'aurait pas posé de nouveau à notre époque, si on n'avait pas perdu de vue à la fois les deux éléments de la ques-tion, l'antiquité et le christianisme. » (*Encyc. du* 19me *siècle*, au mot *beau.*)

Hegel a exposé les principes de l'art roman-tique, qui constitue l'art au moyen âge, de la manière la plus exacte, la plus complète. Il passe, en Allemagne du moins, pour son plus illustre interprète. Suivant lui, dans *l'art classique*, la perfection de la forme se trouve réunie à la profondeur de la pensée et du sentiment ; dans *l'art romantique*, la forme est indifférente, l'esprit se replie sur lui-même et seul est le sujet de la représentation que l'artiste cherche à produire ; dans la dernière période que l'on doit parcourir et à laquelle il est arrivé et que l'on pourrait nommer *humanitaire*, le fond absolu de l'art est la manifestation, le développement de la nature humaine dans ce qu'elle a d'invariable et en même temps dans la multiplicité de ses éléments et de ses formes. L'artiste se meut dans une entière liberté, sans être enchaîné à aucune idée particulière et à un mode de représentation qui convient à celle-ci.

Hegel pense que la représentation fidèle et animée de la vie réelle prise en elle-même, souvent laide et prosaïque, constitue néanmoins une œuvre d'art. Si l'art romantique lui accorde ce titre, l'art classique, ce me semble, ne le lui refusera pas non plus, mais pas complètement. Il la mettra à un degré inférieur, parce qu'elle ne lui présentera qu'une partie des qualités qu'il exige. Ainsi, il regardera comme très supérieur une sainte famille de Raphaël à tel tableau de Teniers. Dans celui-ci comme dans tous les bons tableaux de l'école flamande, il trouve le mérite de la composition, du coloris et de la fidélité de la représentation d'une nature commune, mais dans celui-là, il trouve réunis la perfection de la composition, de la pureté des formes, du coloris, de l'expression et l'invention ou le choix d'un sujet élevé qui permet à l'artiste d'offrir dans toute sa profondeur l'intelligence et la moralité humaine, c'est-à-dire, l'homme dans toute la dignité de son être. De ces deux tableaux, l'un nous présente le beau, l'autre l'agréable qu'Hegel lui-même déclare inférieur et définit ainsi : « L'agréable est la représentation de l'élément particulier de l'objet, ce qui fait que l'œuvre d'art ne saisit plus l'âme du spectateur dans sa partie profonde, mais l'intéresse par une foule de rapports extérieurs » (p. 341, *Cours d'esthétique*).

« Si le vrai, le beau et le bien nous paraissent distincts, ce n'est pas qu'ils le soient en effet, mais c'est qu'ils nous sont donnés dans des objets différents ; le vrai existe par soi-même ; réalisé dans les actions humaines, il devient le bien ; engagé sous les formes sensibles, il devient le beau. L'unité mystérieuse qui lie ces trois idées, c'est l'absolu, c'est Dieu lui-même ». (M. Cousin, *du Vrai, du Bien et du Beau*, p. 298.) Aussi découvrir le vrai, accomplir la loi du devoir, apercevoir le beau, sont la source d'émotions agréables. Les divers genres de beau ayant une source unique, toute beauté, comme le démontre M. Cousin, se résout dans la beauté spirituelle ou morale, et c'est dans cette sphère intime et cachée que repose l'unité secrète de tous les genres de beauté. Celle-ci n'étant que le reflet du beau incorporel, c'est donc seulement l'expression qui en fait le mérite et qui est par conséquent la qualité principale des productions des beaux-arts, surtout de la peinture et de la sculpture. « La beauté est donc l'expression, l'art sera dans la recherche de l'expression » (id. ib. p. 260). « Le beau ne serait que le vrai et le bien s'il n'avait des formes..... Le beau a donc pour ainsi dire deux parties: une partie morale et une partie sensible..... Il faut également distinguer dans l'art, le fond et la forme, l'idée morale et l'expression de cette idée, ou la matière par laquelle l'idée est rendue sensible » (id. ib. p. 284) à la vue et à l'ouïe, les deux seuls sens qui sont juges du beau. J'ai répondu ainsi d'avance, principalement avec le puissant appui de M. Cousin, à cette opinion d'Hegel, qu'il est de l'essence du romantique d'abandonner la réalité extérieure pour se replier sur lui-même, que la forme sensible est incapable de représenter l'esprit d'une manière parfaite, que ce n'est plus par conséquent dans l'idéalisation de la forme sensible que réside la beauté, mais dans l'âme elle-même. Je me contenterai de répéter ce que je viens de dire, que la forme pouvant seule représenter l'esprit, elle y parviendra d'autant mieux qu'elle sera plus parfaite. Sans doute, la profondeur de l'intelligence peut percer à travers les traits difformes de Socrate , mais certai-

nement pas aussi bien que si ceux-ci étaient
réguliers, et le talent du plus grand artiste ne
saurait même en faire soupçonner l'existence, s'il
n'y avait pas seulement irrégularité dans les traits,
mais une laideur repoussante, ignoble, un défaut
de proportion complet dans les différentes parties
de la figure. C'est ce que l'examen impartial et
consciencieux des productions des arts démontre
de la manière la plus évidente. Le comble de
l'art ne peut donc être atteint que par l'art classique. Ce n'est sans doute pas par préférence
que le laid existe dans les ouvrages postérieurs à
la décadence des arts, mais comme l'a dit M.
Rigollot (l. c. p. 296), « par l'impuissance de
l'art et le défaut de goût d'ouvriers ignorants qui
trouvaient plus faciles de rendre la laideur que
d'imiter la beauté ». « L'imitation du type byzantin
resta stationnaire, dit M. Raoul-Rochette (*Discours
sur l'art du Christianisme*, p. 34 à 36), par dévotion
autant que par impuissance pendant les ténèbres
du moyen âge qui obscurcissaient la société tout
entière. » Au reste, je suis très disposé à croire
que la différence d'appréciation des œuvres de
l'art du moyen âge a seulement pour cause
l'engouement de la mode et un prétendu purisme
religieux tendant à exclure ce qui pourrait avoir
une apparence, un souvenir même de l'art profane. Elle disparaîtrait facilement si la question
était posée de la manière suivante, c'est-à-dire,

sous son vrai jour : le Christ, la Vierge, les Saints, quelle que soit l'imperfection de la forme, produisent, à raison de la pensée d'une autre vie, du salut du genre humain, de l'importance enfin de leur but, une impression plus forte, sur les chrétiens surtout, que les sujets profanes qui expriment les plus grandes douleurs de la vie. Mais cette impression serait plus profonde évidemment, si la beauté de la forme s'y trouvait jointe, parce que la douleur de l'âme serait encore plus vivement sentie.

Dans le troisième volume de son Cours d'esthétique, Hegel regarde les sculptures du moyen âge plutôt comme un genre d'ornement architectonique que comme les productions d'un art spécial. Il va même jusqu'à dire qu'elles sont incapables d'exprimer les idées du christianisme, c'est-à-dire, l'union mystérieuse de l'âme avec l'être absolu (p. 316, 317). Plus loin il convient que Raphaël, en joignant le sentiment religieux à la beauté des formes, « atteignit le point culminant de l'art » (p. 479). Tel est l'aveu qu'Hegel laisse échapper en faveur de l'art classique.

L'art humanitaire, auquel nous sommes parvenus, suivant Hegel, n'est que l'absence de tout principe, de tout système, et pour cette raison, il ne m'est pas possible de le regarder comme une des périodes de l'art, mais comme une erreur produite par la vue d'œuvres nombreuses et variées d'artistes impuissants. C'est la négation de l'art, du moins en apparence, car, au fond, c'est un pas pour le retour au classique. Effectivement, si tous les sujets lui conviennent, c'est à différents degrés, et si le sujet est heureux et l'exécution satisfaisante, c'est-à-dire, si le mérite de la forme est joint à celui du fond, l'ouvrage sera un chef-d'œuvre. C'est donc le bon sens qui amène l'art au point où il est parvenu, selon Hegel; il ne restera plus bientôt qu'à reconnaître la réhabilitation de l'art classique, mais moins restreint, moins étroit, et à en convenir.

Il faut donc laisser de côté la dénomination d'art chrétien et reconnaître que l'architecture ogivale ne parle pas plus à l'âme que les autres, si ce n'est à celle des catholiques qui veulent voir du symbolisme où il n'y en a pas, où l'on n'a pas songé à en mettre. Que si cependant cette intention a existé relativement à certaines dispositions, comme cela est incontestable, ce symbolisme, lorsqu'il n'est pas insignifiant, n'est pas de nature à ne pouvoir être admis dans un édifice de style grec. On pourrait dire, au reste, des architectes du moyen âge, comme des anciens auteurs, que s'ils revenaient au monde, ils seraient souvent bien étonnés des idées qu'on leur prête.

Nos mœurs ne sont nullement choquées, comme on l'a prétendu, de l'application de l'architecture grecque aux églises; elles n'y trouvent pas de contre-sens, mais seulement les mystiques et ceux qui jugent d'après des idées, des systèmes préconçus.

J'ai besoin de le répéter, l'application de l'architecture grecque aux églises ne saurait être appréciée d'après des essais qui ne sont pas complètement satisfaisants, pas plus dans Notre-Dame de Lorette et la Madeleine, édifices distingués principalement par la richesse, l'élégance, le luxe de la décoration, que dans Saint-Vincent-de-Paul et Saint-Denis, rue Saint-Louis, qui offrent de belles dispositions dans plusieurs parties, et que dans les églises plus anciennes des Petits-Pères, de Saint-Louis (île Saint-Louis), et du Val-de-Grâce, édifices sans élégance et d'un goût infiniment moins pur. Il ne faut pas, comme je l'ai dit, par une imitation servile, élever un temple grec avec une colonnade périptère, très inutile pour la destination d'une église, et croire avoir livré au culte un édifice qui satisfait tous ses besoins; mais appliquer les principes de l'architecture grecque d'une manière intelligente. Le genre ogival était employé également aux édifices civils et militaires, et il·était en rapport avec les idées, le degré de civilisation de l'époque. Si on l'adoptait maintenant pour les églises, ces édifices ne seraient pas en harmonie avec les autres constructions pour lesquelles on veut bien accorder que le style grec convient.

Au reste, M. Violet-Leduc, lui-même, ne paraît pas avoir une grande confiance dans la résurrection du style ogival. « Il n'est pas dans la nature de l'esprit humain, dit-il, de revenir à un système, quelque bon qu'il soit, quand on a vu les résultats de la corruption. . . . L'art gothique s'est corrompu à la fin du 15ᵐᵉ siècle. »

M. Laviron (*Revue nouvelle*, octobre 1846), admirant les basiliques de Rome, nos grandes églises du moyen-âge, Saint-Sulpice, les Invalides, ne veut pas que l'on construise des églises du style ogival, **ni** du style grec, mais que l'on adopte un style nouveau, propre au 19ᵐᵉ siècle, conforme à nos idées, à nos mœurs, réalisant ainsi la formule esthétique du genre. Pour apprécier cette opinion, il y a lieu d'attendre sinon une église bâtie, du moins un plan.

C'est une erreur de croire que les toits pointus sont nécessaires dans nos climats septentrionaux à cause du poids de la neige et des pluies fréquentes, et qu'ainsi les toits de l'architecture ogivale sont appopriés au climat. Dans le midi et dans les pays de montagne où ces météores tombent avec abondance, les toits sont presque plats. Il existe à Edimbourg, surnommée la nouvelle Athènes, de grands édifices du style grec, et l'on n'a pas encore aperçu d'inconvénients à la disposition peu inclinée et même parfois horizontale de ces toits. Il en est de

même à Paris, **au** Panthéon, à la Madeleine
et à d'autres édifices. On sait que les églises
romanes ont le toit beaucoup moins incliné que
ceux des églises ogivales. Il y a plus, en Angleterre, des églises ogivales ont le toit plat. Telle
est la chapelle de l'abbaye de Westminster, ornée
néanmoins de clochetons. Les églises byzantines de Cologne ont le toit très peu incliné.
L'architecture grecque, propre pour tous les
climats, permet d'ailleurs de légères, mais suf-
fisantes modifications dans les proportions.

L'architecture grecque parle à l'âme et non
pas seulement à l'esprit. La parfaite justesse des
proportions, la simplicité unie à la variété et
l'exacte observation des convenances, en expri-
mant le grand, le sévère, le gracieux, etc. ,
donnent naissance aux diverses affections de
l'âme. Elle n'étonne pas, elle offre la solidité
réelle et apparente si satisfaisante à l'esprit, la
grandeur proportionnelle qui est certes la principale et l'élégance des détails. Que doit-on
exiger d'une église? Qu'elle présente une ordonnance simple, mais austère, majestueuse et noble.
Or, on peut obtenir ces qualités avec l'architecture grecque autant et même mieux qu'avec
l'architecture ogivale, car la première a l'avantage de s'accorder avec la raison, c'est-à-dire,
de satisfaire l'esprit par la solidité apparente
sans que la grandeur proportionnelle soit dimi-

nuée, et même la grandeur dimensionnelle. La nef de la cathédrale de Pise, qui n'est pas ogivale, à 31 m. sur 12; celle de Saint-Sulpice 32 m. 17 c. sur 12 67; celle de Saint-Eustache environ 31 m. sur 10 70, et celle de Saint-Pierre de Rome 46 m. 80 c. sur 25 m. et 23 près du dôme. Il en serait de même pour le degré de lumière : « l'architecture grecque, combinée avec art et mise en rapport avec les convenances de notre culte, produirait le même effet (de lumière douce des églises ogivales) ». (*M. de Clarac*, *Musée de Sculpture*, T. 1ᵉʳ, p. 257.)

La meilleure proportion pour les nefs est une hauteur double ou seulement presque double de la largeur. Elle ne présenterait pas alors l'étroitesse choquante de la plupart des églises ogivales, ni l'aspect lourd, un peu écrasé, de beaucoup d'églises du style grec et même du style ogival. *In medio stat virtus.* Telles sont les nefs des églises de Saint-Riquier, de la cathédrale de Digne et même de celle de Noyon, quoique celle-ci ait un peu plus de hauteur, toutes églises ogivales jouissant d'une juste célébrité. La division de la nef en coupoles surbaissées ou voûtes en calotte, comme au Panthéon, à la Madeleine et à plusieurs églises byzantines et romano-byzantines, donne lieu à une diminution de la poussée et produit un bon effet.

Une nef qui n'aurait pas même le double de sa largeur en hauteur, offrira une proportion satisfaisante si l'on évite de lui donner beaucoup de longueur; il suffit que la longueur totale du vaisseau, y compris le porche et l'emplacement de l'autel, soit environ le double de la largeur pour les petites églises, le triple pour celles d'une moyenne grandeur, et le quadruple pour les grandes.

La corniche intérieure des nefs sera très peu saillante, afin de ne pas nuire à l'ensemble, à l'harmonie de la partie droite verticale et de la nef de la partie cintrée. La saillie extérieure a d'ailleurs un but qui n'existe pas ici, celui de rejeter les eaux pluviales. Les architectes modernes ont construit leurs voûtes en berceau. Avec les ordres grecs, il est difficile, en effet, d'employer les voûtes croisées avec arêtes saillantes qui sont une des principales causes du goût que l'habitude donne à quelques personnes pour les édifices du moyen-âge. En adoptant celles-ci, les artistes de cette époque n'ont pas su en tirer parti. A la différence des Romains qui ne les préférèrent dans leurs grands intérieurs qu'afin de diminuer le nombre des supports, ils multiplièrent ceux-ci, de sorte que pour eux les voûtes d'arête furent seulement un moyen de contribuer à donner une plus grande élévation à leurs vastes cathédrales et

un signe d'impuissance surtout lorsque les églises
sont basses. Il est cependant possible d'employer
les voûtes d'arète, si précieuses pour la répar-
tition de la poussée, en leur faisant subir seulement une légère modification ; c'est de construire
à chacune des murailles de côté deux corps
avancés dont des demi-colonnes ou des pilastres
forment l'ossature. Ces corps avancés divisent
ainsi le vaisseau en trois parties et servent de
base à une plate-bande en plein cintre et aux
pendentifs qui soutiendraient des coupoles surbaissées ou voûtes en calotte. Les architectes
du moyen âge montrèrent encore leur impuissance à construire des voûtes étendues, dans
le peu de largeur des arches des ponts.

La peinture en grisaille, qui offre plus de
simplicité dans l'aspect, qui s'harmonise bien
avec la couleur du reste des murailles, serait
peut-être d'un heureux effet. Elle s'accorderait
mieux avec le caractère austère de l'édifice.
Elle n'empêcherait pas, bien entendu, l'admis-
sion de quelques bons tableaux.

On distinguerait à tort l'architecture romaine
de la grecque, puisque la première n'offre que
des changements peu importants dans les détails,
et seulement l'usage des arcades et l'invention
des belles et vastes coupoles à pendentifs. Ce
n'est pas l'étendue des édifices, mais ce sont
les éléments particuliers qui constituent une

architecture. L'état social des Grecs, composé de petites républiques, ne demandait que de petits édifices; cependant ces peuples en ont aussi élevé et commencé plusieurs d'une grande dimension.

Toutes les formes ont été essayées pour les églises. Les dispositions intérieures ont varié selon les temps et selon les pays, par suite des différences adoptées dans la célébration du culte, dans les cérémonies, et un peu aussi des idées particulières des constructeurs. Cependant, je crois que cinq dispositions pourraient être préférées.

1° Frontispice en pilastre ou en demi-colonnes pour une église sans bas-côtés. Toit se prolongeant dans la direction du fronton. Une seule nef est une disposition excellente, fort en usage dans le midi de la France. Elle donne plus de grandiose à l'édifice que si, sans être plus étendu, il était divisé en trois parties, et offre pour le culte l'avantage que le prêtre d'un coup-d'œil peut embrasser toute l'assemblée, et que tous les fidèles voient les cérémonies et peuvent bien entendre. C'est l'égalité entre tous de l'évangile, il n'y a plus de priviléges. Il n'en saurait être ainsi dans une église avec des bas-côtés, à moins qu'on ne considère les bas-côtés comme servant seulement pour le passage, car les piliers ou les colonnes interrompent la voix et la vue; une partie des assistants ne profite pas des instructions, défaut essentiel. Une église avec une seule nef peut d'ailleurs être aussi grande que divisée en plusieurs nefs. L'église de Mantoue n'a qu'une nef, ainsi que celle de Digne, celle romano-byzantine d'Angers et beaucoup d'autres. Je ne proscris pas, pourtant, la disposition qui consiste à clore le chœur, parce qu'elle est convenable sous le rapport liturgique.

2° Si à une seule nef on ajoute des chapelles, comme à celles de Montferrand, d'Alby, etc., où les personnes pieuses aiment à se placer pour se recueillir, on aura une église disposée d'une manière très avantageuse. Elle le serait plus complètement encore, avec des galeries au-dessus des chapelles, comme dans les anciennes basiliques, ce qui lui donnerait encore plus de solidité. Cette disposition permettrait de donner beaucoup de grandiosité, tout autant, au moins, qu'en offrent nos plus vastes cathédrales, et atteindrait le but que s'est trop uniquement proposé le clergé en ne songeant qu'à élever des monuments imposants par leur grandeur, sans se soucier s'ils remplissaient leur destination, c'est-à-dire, s'il était possible que tous les fidèles reçussent l'instruction religieuse et participassent aux offices. Une tour carrée au milieu et deux demi-frontons en retraite, vis-à-vis des chapelles, formeraient la façade.

3° Frontispice avec demi-colonnes, et de chaque côté, demi-frontons aux chapelles ou nefs latérales, en retraite du frontispice. Dans cette disposition, le toit se prolongerait dans la direction du fronton et le clocher serait placé derrière l'église.

4° Nef circulaire avec des chapelles à l'entour, un portique avec des colonnes isolées à l'entrée, le clocher au côté opposé, c'est-à-dire, derrière le maître-autel. En construisant la voûte en coupole élevée qui offre un aspect si grandiose à l'extérieur comme à l'intérieur, une forme si agréable à l'œil, pourvu qu'elle soit elliptique ou du moins seulement sphérique, on obtiendrait cette direction vers le ciel, dont quelques personnes font un si grand mérite à l'architecture ogivale, en la regardant comme symbolique. Il serait encore mieux alors de mettre l'autel au centre, sous la coupole, disposition qui conviendrait aussi à une coupole au centre d'une croix grecque dont chaque branche serait terminée par une voûte en calotte. Dans ce dernier cas, la coupole centrale est la principale partie de l'édifice, la nef n'en est que le vestibule, et les trois autres branches de la croix procurent de grandes chapelles.

La croix latine est une disposition moins avantageuse pour les grandes églises et celles d'une moyenne étendue, car une partie des assistants ne peut bien voir, ni bien entendre, par suite de l'éloignement de l'autel. Elle exige d'ailleurs des voûtes très élevées, la longueur du vaisseau leur donnant, par un effet de perspective, l'apparence d'une moindre hauteur.

5° Eglise avec nefs latérales et chapelles ; dont les trois toits fort élevés et successifs pourraient être considérés comme symboliques de la trinité qui mène au ciel. Deux tours carrées à la façade, peu distantes l'une de l'autre, l'une pour les cloches, l'autre pour un bel escalier. A chaque étage des tours masqué par des pilastres ou des demi-colonnes et un entablement, sauf au dernier ou aux deux derniers, existerait une galerie d'une largeur suffisante pour aller de la tour de l'escalier à celle des cloches. Le milieu du toit de la nef principale serait caché par la galerie ou visible. Les tours seront, comme les plus beaux campaniles de l'Italie, presque droites, c'est-à-dire, avec seulement le fruit nécessaire et sans étage en retraite. Elles seront ainsi suffisamment solides. Elles doivent être décorées d'ornements simples et élégants et appropriés à la destination de l'édifice. On évitera une nudité trop grande de même que la profusion des ornements qui fatigue l'esprit, parce qu'il est difficile d'en saisir l'ensemble, défaut que ne présentait pas le système d'ornementation dû au goût délicat des anciens. les sujets sculptés

étant répétés de distance en distance. Au-dessus
de la porte rien n'empêcherait qu'on admit
une rose avec des verres coloriés. Une façade
consistant en une ou deux tours, utiles, nécessaires même pour les cloches, avec les membres
et les ornements de l'architecture grecque, appartiennent autant à cette architecture qu'une
façade avec colonnes, entablement et fronton.

Ces différentes dispositions comporteraient, je
n'en doute pas, l'élégance pour les petites
églises et le grandiose pour les plus vastes.
Quelques statues et des tableaux en nombre
plus grand, mais néanmoins convenablement
limité, achèveraient de les orner. On se gardera
bien, en effet, de couvrir toutes les murailles
de tableaux, faisant ainsi disparaître le caractère de simplicité et de gravité qui convient
aux églises. Il ne faut pas l'oublier, la peinture
n'est que l'accessoire, et les exemples fournis
par quelques églises modernes, ornées à l'instar
de celles de l'Italie, ne sont nullement à suivre.

J. BUTEUX.